Günter Schiller
Illustriert von Michael Holtschulte

Wirtschaft macchiato
Cartoonkurs Wirtschaft für Schüler und Studenten

ein Imprint von Pearson Education

München · Boston · San Francisco · Harlow, England
Don Mills, Ontario · Sydney · Mexico City · Madrid · Amsterdam

Bibliografische Information der Deutschen Nationalbibliothek

Die Deutsche Nationalbibliothek verzeichnet diese Publikation in der Deutschen Nationalbibliografie; detaillierte bibliografische Daten sind im Internet über http://dnb.d-nb.de abrufbar.

Die Informationen in diesem Buch werden ohne Rücksicht auf einen eventuellen Patentschutz veröffentlicht. Warennamen werden ohne Gewährleistung der freien Verwendbarkeit benutzt. Bei der Zusammenstellung von Texten und Abbildungen wurde mit größter Sorgfalt vorgegangen. Trotzdem können Fehler nicht ausgeschlossen werden. Verlag, Herausgeber und Autoren können für fehlerhafte Angaben und deren Folgen weder eine juristische Verantwortung noch irgendeine Haftung übernehmen. Für Verbesserungsvorschläge und Hinweise auf Fehler sind Verlag und Herausgeber dankbar.

Alle Rechte vorbehalten, auch die der fotomechanischen Wiedergabe und der Speicherung in elektronischen Medien. Die gewerbliche Nutzung der in diesem Produkt gezeigten Modelle und Arbeiten ist nicht zulässig.

Fast alle Produktbezeichnungen und weitere Stichworte und sonstige Angaben, die in diesem Buch verwendet werden, sind als eingetragene Marken geschützt. Da es nicht möglich ist, in allen Fällen zeitnah zu ermitteln, ob ein Markenschutz besteht, wird das ® Symbol in diesem Buch nicht verwendet.

10 9 8 7 6 5 4 3 2 1

13 12 11

ISBN 978-3-86894-018-3

© 2011 Pearson Studium
ein Imprint der Pearson Education Deutschland GmbH
Martin-Kollar-Str. 10-12, D-81829 München
Alle Rechte vorbehalten
www.pearson-studium.de

Programmleitung: Birger Peil, bpeil@pearson.de
Lektorat: Irmgard Wagner, irmwagner@t-online.de
Fachlektorat: Prof. Dr. Wolfgang Winter, Duale Hochschule Heidenheim
Korrektorat: Petra Kienle, Fürstenfeldbruck
Herstellung: Martha Kürzl-Harrison, mkuerzl@pearson.de
Satz: m2 design, Sterzing, www.m2-design.org
Druck und Verarbeitung: Bercker, Kevelaer

Printed in Germany

Inhalt

Vorwort
Bevor wir richtig anfangen ... 10

Wirtschaften und Produktion
Robinson und seine Probleme ... 16
    Bedürfnisse ... 17
    Güter ... 18
    Wirtschaften ... 21
    Ökonomisches Prinzip ... 23
    Produktionsfaktoren ... 26
    Produktionsfunktion ... 29

Markt und Wettbewerb
Adam Smith und die unsichtbare Hand ... 36
    Der Markt ... 36
    Nachfragekurve ... 38
    Angebotskurve ... 40
    Preismechanismus ... 41
    Konsumenten- und Produzentenrente ... 44
    Angebots- und Nachfrageüberhang ... 46
    Das Polypol ... 47
    Das Oligopol ... 50
    Das Monopol ... 52

Wirtschaftskreislauf und volkswirtschaftliche Gesamtrechnung
Francois Quesnay läuft im Kreis ... 58
    Methode der Aggregation ... 58
    Modell des einfachen Wirtschaftskreislaufs ... 59
    Modell einer geschlossenen evolutorischen Volkswirtschaft ohne Staat ... 63
    Modell einer geschlossenen evolutorischen Volkswirtschaft mit Staat ... 66
    Offene evolutorische Volkswirtschaft mit Staat ... 69

Volkswirtschaftliche Gesamtrechnung 71
Gesamtwirtschaftliche Nachfrage 72
Bruttoinlandsprodukt 72
Gesamtwirtschaftliches Angebot.. 73
Entstehungs-, Verwendungs- und Verteilungsrechnung 76

Soziale Marktwirtschaft und ihre Ziele

Ludwig Erhard und sein Wunder 80
Wirtschaftsordnung und Wirtschaftssystem............................. 80
Die freie Marktwirtschaft 85
Die soziale Markwirtschaft 88
Ziele der sozialen Marktwirtschaft.. 92

Konjunktur und Konjunkturtheorien

John Maynard Keynes und Milton Friedman streiten sich 106
Indikatoren 106
Konjunktur 109
Wirtschaftsschwankungen 112
Gleichgewicht und Ungleichgewicht 115
Fiskalismus... 119
Wirtschaftskrisen 122
Monetarismus.. 125

Arten der Wirtschaftspolitik

Moneymaker, Budgetbert und die Tarifbrüder basteln 132
Geldpolitik.. 134
Finanzpolitik 140
Beschäftigungspolitik 147
Tarifpolitik.. 149
Außenhandelspolitik 154

Internationale Wirtschaftsbeziehungen

Ricardo – Freihändler der Welt 158
Theorie des komparativen Kostenvorteils................................ 159
Freihandel und Protektionismus... 162
Flexible und starre Wechselkurse... 168

Zahlungsbilanz 173
Globalisierung – Gewinner und Verlierer 175

Betriebswirtschaftslehre
Billy wagt es 182
   Unternehmensziele 184
   Standortfaktoren 185
   Rechtsformen 187
   Beschaffung 192
   Produktion 195
   Absatz 198

Anhang
Alles klar 212
Stichwortverzeichnis 217
Weiterführende Literatur 223

Bevor wir richtig anfangen …

Vorwort
Warum Sie sich auf dieses Wirtschaftsbuch freuen dürfen

Latte macchiato, das Kultgetränk der lebenslustigen Mitteleuropäer aus Milchschaum und starkem Espresso, hat diesem Buch seinen Namen gegeben. „Latte macchiato" heißt wörtlich übersetzt „befleckte Milch". Die bittere Brühe des Espresso erhält durch den leichten Milchschaum einen angenehmen Geschmack und entfaltet ihre wohltuende Wirkung. Übertragen auf dieses Buch: Die trockene bittere Wirtschaftswissenschaft wird mit einem kräftigen Schuss Unterhaltung aufgemischt. *Wirtschaft macchiato* will Sie damit aufwecken, Ihnen Aha-Momente verschaffen und Lust auf die Ökonomie und ihre Geheimnisse machen.

Obwohl kein Mensch an wirtschaftlichen Inhalten vorbeikommt und auch Ihr Alltag von ökonomischen Zwängen stark geprägt wird, ist die Ökonomie für viele ein Buch mit sieben Siegeln. Damit Sie diese Siegel leicht und angenehm „knacken", verfolgt dieses Buch ein anderes Konzept als die üblichen nüchternen und abstrakten Wirtschaftsbücher. Es besteht aus einer gelungenen Verbindung von leicht verständlichen, aufgelockerten Sachtexten und originellen, humorvollen Cartoons. Daraus kann messerscharf gefolgert werden: Für Humorlose ist dieses Buch nicht gedacht. Zudem wird kein Vorwissen vorausgesetzt, sondern rasch und auf motivierende Weise an das wissenschaftliche Gedankengebäude der Ökonomie herangeführt. Das Buch schafft die fachlichen Grundlagen für das Verständnis volkswirtschaftlicher Zusammenhänge und bietet eine Einführung in die Betriebswirtschaftslehre.

Wer das Ganze geschrieben hat

Dr. Günter Schiller unterrichtete 20 Jahre an einem bayerischen Gymnasium die Fächer Wirtschaft und Recht bzw. Erdkunde. Danach wechselte er an die Universität Bayreuth, wo er als Leitender Akademischer Direktor für die fachdidaktische Ausbildung von Lehramtstudenten/innen mit der Fächerverbindung Wirtschaftswissenschaften zuständig ist. Er veröffentlichte neben zahlreichen Fachaufsätzen ein Standardwerk zur „Didaktik der Ökonomie". Als Gymnasiallehrer und Hochschuldozent war er Autor einiger ministeriell genehmigter Schulbücher für den Wirtschaftsunterricht. Es ärgerte ihn immer, wenn lustige Anmerkungen, Witze oder Zitate und humorvolle Karikaturen von den Gutachtern aus den Unterrichtswerken gestrichen wurden. Seiner Meinung nach müssen Schulbücher nicht humorlos sein. *Wirtschaft macchiato* ermöglichte es ihm, diesen Frust loszuwerden.

Michael Holtschulte, Jahrgang 1979, lebt und arbeitet als freiberuflicher Cartoonist, Karikaturist und Illustrator in Herten. Seine Cartoons und Karikaturen werden in Zeitungen (u.a. Westdeutsche Allgemeine Zeitung, Bild am Sonntag) und Magazinen (Deadline, Mac Life u.v.m.) abgedruckt. Darüber hinaus arbeitet er für verschiedene Werbeagenturen, Postkarten-, Kinderbuch- und Spieleverlage. In Büchern findet man seine Cartoons u.a. in „Tot aber lustig", „Ganz großes Kino" oder „Das liebe Buch". Im März 2010 ist das Buch „Fiese Bilder 2" bei Lappan erschienen, an dem er ebenfalls mit vielen Cartoons beteiligt ist, kurz darauf „iVolution: Cartoons für Apple-Fans", ebenfalls bei Lappan. Bekannt ist vor allem seine Webseite *www.totaberlustig.de*, auf der jede Woche ein neuer Cartoon veröffentlicht wird und die inzwischen von mehr als 60.000 Besuchern im Monat angesehen wird.

Für wen und wofür dieses Buch gedacht ist

Wirtschaft macchiato ist sowohl für Schüler/innen, Studenten/innen als auch Auszubildende und alle an wirtschaftlichen Fragen Interessierte gedacht, die im ökonomischen Bereich Wissenslücken haben. Es enthält den volkswirtschaftlichen Stoff, wie er für das (bayerische) Abitur im Fach Wirtschaft und Recht erforderlich ist. Neben der Abiturvorbereitung erleichtert das Buch auch den Einstieg in das Studium der Wirtschaftswissenschaften an einer Hochschule bzw. Universität. Zudem vermittelt es schrittweise die grundlegenden Inhalte der Ökonomie und führt an die wissenschaftlichen Arbeitsweisen heran, wie sie in den Wirtschaftswissenschaften erforderlich sind. Darüber hinaus gibt es viele Berufe – vom Verwaltungsfachangestellten bis zum Handwerksmeister –, in deren Ausbildung ein wirtschaftliches Grundwissen gefordert wird. Das Buch ist aber auch für die vielen Menschen gedacht, die von Themen der Wirtschaft betroffen sind, aber von ökonomischen Zusammenhängen keine Ahnung haben. Wenn Sie wissen wollen, wie die Wirtschafts- und Finanzkrise entstanden ist, wie man den Staatshaushalt steuert und welche Zusammenhänge zwischen einem Müller und der Europäischen Zentralbank bestehen, dann lesen Sie doch einfach dieses Buch.

Mit wem Sie es hier zu tun haben

Zwei Personen begleiten Sie durch alle Kapitel: **Miss Ökonomia** und **Billy Bargain**. Miss Ökonomia ist eine interessierte, selbstsichere Wissenschaftlerin, deren Schlagfertigkeit und belehrender Ton unserem Billy Bargain manchmal auf die Nerven gehen. Ihren Namen hat sie in Anlehnung an den Begriff „Ökonomie", der aus dem Griechischen stammt und so viel wie „Wirtschaft" bedeutet. Billy Bargain ist ungefähr 20 Jahre alt, in wirtschaftlichen Dingen nahezu unwissend, teilweise jedoch vorwitzig, aber humorvoll, und will von hochwissenschaftlichen theoretischen Erläuterungen wenig wissen. Er feilscht geradezu um die Verständlichkeit der ökonomischen Zusammenhänge. Daher sein Name Bargain, was im Englischen so viel wie handeln, feilschen bedeutet.

Aber keine Sorge, dass diese beiden die einzigen sind, die Sie durch das Buch begleiten. Sie finden in jedem Kapitel eine neue Bezugsperson, meist bedeutende Ökonomen, die Ihnen ihren Beitrag zu den Wirtschaftswissenschaften spannend und abwechslungsreich nahebringen. Robinson Crusoe will Ihnen die Grundprobleme des Wirtschaftens vermitteln, Adam Smith ist für den Markt zuständig und Francois Quesnay informiert Sie über den Wirtschaftskreislauf. Ludwig Erhard erklärt Ihnen die Zusammenhänge der sozialen Marktwirtschaft, während John Maynard Keynes und Milton Friedman das Kriegsbeil ausgegraben haben. Moneymaker, Budgetbert und die Taribrüder basteln als Klempner am Wirtschaftskreislauf herum und David Ricardo entschwebt mit Ihnen in ferne Länder. Zum Schluss gründet Billy Bargain ein eigenes Unternehmen und bringt Ökonomia zur Weißglut. Suchen Sie doch die Bekanntschaft mit diesen Typen.

Reichen Ihnen die Informationen von *Wirtschaft macchiato* nicht und wollen Sie Ihr Wissen erweitern, so finden Sie im Internet zusätzliches Material zu diesem Buch. Sie können Ihre Kenntnisse anhand von Übungsaufgaben vertiefen und finden zusätzliche Informationen über vergangene Wirtschaftskrisen, aber auch zu aktuellen Ereignissen.

Dies alles ermöglicht Ihnen nicht nur eine gute Abiturprüfung, sondern auch einen problemlosen Einstieg in das Studium der Wirtschaftswissenschaften.

Wirtschaftsbücher veralten sehr rasch, da sich vor allem die volkswirtschaftlichen Daten dauernd ändern. Darum wurden bei den besonders aktualisierungsbedürftigen Stellen Internetadressen eingefügt. Sie ermöglichen es Ihnen, rasch auf zeitnahe Informationen zuzugreifen.

Konventionen des Buchs:

Lampe – am Ende des Abschnitts wird kurz und knapp gezeigt, was im Kapitel näher beleuchtet wurde.

Rufzeichen – ein besonders wichtiger Absatz, ein Cartoon oder eine Tabelle, die invers dargestellt wird. Was Sie gelesen haben, will Ihnen zu einem Aha-Moment verhelfen und damit ist das Ganze einfach zu merken.

Hantel – hier ist weiteres Training notwendig. Die Angaben zu den Übungen dieses Buchs befinden sich im Anhang. Die Lösungen stehen auf der Internetseite zum Buch.

Auge – diesen Abschnitt sollten Sie sich genauer ansehen. Hier wird auf größere Zusammenhänge hingewiesen oder Sie finden Einzelheiten, die das Verständnis erleichtern.

Buch – weiterführende Informationen, die eine Vertiefung des Stoffs bieten und die Sie auf der Website des Verlags finden. (Wichtig: Diese Ergänzungen vervollständigen das Buch als Unterstützung für das Abitur.)

Internet – gibt Internetseiten an, wo Sie Ergänzungen finden können, aber auch Verweise auf die Website des Verlags. Sie finden im Internet unter www.pearsonstudium.de die Lösungen der Übungsaufgaben aus dem Buch, weitere Vertiefungen des Stoffs sowie zusätzliche Aufgaben mit Lösungen und die Titelcartoons der Kapitel.

Herzliches Dankeschön

Danke an den Verlag Pearson Studium, der die Rahmenbedingungen dafür geschaffen hat, dass unsere Vorstellung von einer humorvollen Ökonomie in Buchform vorliegt. Danke an Frau Irmgard Wagner, die den Autor und den Illustrator immer für die Buchidee begeistert hat und in vielen Telefonkonferenzen auf die Verständlichkeit des Textes und die Originalität der Cartoons geachtet hat. Danke an Martina Messner. Ohne ihre professionelle Arbeitsweise bei Layout und Satz wäre dieses Buch nicht so abwechslungsreich geworden. Danke an Petra Kienle, die dafür gesorgt hat, dass Rechtschreibung und Satzbau fehlerfrei geworden sind.

Danke an Prof. Dr. Wolfgang Winter von der dualen Hochschule Baden-Württemberg in Heidenheim, der dort internationales Management in den Fachrichtungen Handel und Industrie lehrt, für sein Fachlektorat.

Der allergrößte Dank geht aber an Sie, liebe Leserin und lieber Leser. Dass Sie die Ökonomie neu entdecken wollen, dass Sie dieses Buch lesen und sich dabei sogar Zeit nehmen für die Dankesseite – das ist einen Sonderapplaus für Sie wert. Bitte, wenn Sie Spaß, neue Einsichten und Erfolgserlebnisse dabei hatten, sagen Sie es weiter! Wenn nicht, sagen Sie es uns. Wir freuen uns, von Ihnen zu hören. Sie wissen ja: Im Internetzeitalter sind Buchautoren nur einen Mausklick von Ihnen entfernt.

Genug der salbungsvollen Worte. Auf los geht´s los.
Viel Spaß und zahlreiche ökonomische Einsichten wünschen

Dr. Günter Schiller · g-schiller@t-online.de
Michael Holtschulte · info@holtschulte com

Robinson und seine Probleme   1

Wirtschaften und Produktion
Robinson und seine Probleme

Das Buch „Robinson Crusoe" von Daniel Defoe beschreibt das Schicksal eines englischen Seemanns, der Schiffbruch erleidet und auf einer unbewohnten Insel zu überleben versucht. Einzige Abwechslung nach Jahren: Kannibalen besuchen die Insel und wollen einen Wilden verspeisen, der jedoch fliehen kann und von Robinson aufgenommen wird. Er wird sein Freund und Diener und erhält den Namen Freitag. Nach 28 Jahren wird Robinson gerettet und kehrt nach England zurück.

Wirtschaften und Produktion

Bedürfnisse

Beobachten wir einmal unseren Robi auf seiner einsamen Insel. Um nicht zu verhungern und zu verdursten, muss sich Robinson Nahrungsmittel und Trinkwasser besorgen und nachts eine Höhle aufsuchen, damit er nicht den wilden Tieren als Nachspeise dient. Mit den Worten des Ökonomen gesprochen: Der Mensch hat Bedürfnisse und will sich diese erfüllen.

Unter **Bedürfnissen** versteht der Wirtschaftler Mangelempfindungen wie Hunger, Durst oder zu frieren, aber auch das Verlangen, sich modisch zu kleiden, eine schicke Wohnung zu haben oder fremde Länder kennenzulernen. Die Bedürfnisse der Menschen hängen vom Lebensalter (Babys wollen viel schlafen, ältere Menschen wollen gesund bleiben), vom Kulturkreis (Eskimos wollen nicht frieren und Pygmäen nicht zu viel schwitzen), von den Hobbys oder vom Einkommen ab.

Bedürfnisse kann man systematisieren: Den Wunsch, seinen Hunger mit einfachem Essen und Trinken (nur Quellwasser und Brot) zu stillen, bezeichnet man als **Existenzbedürfnis**, einen Kinofilm zu sehen, wäre

1 Güter

ein Beispiel für **Kulturbedürfnisse** und mit einem überaus teuren Ring anzugeben, gehört zu den **Luxusbedürfnissen**. Die Bedürfnisse des Einzelnen, aber auch der Gesellschaft als Ganzes sind unbegrenzt, denn schon Wilhelm Busch wusste: „Ein Wunsch erfüllt, kriegt augenblicklich Junge." Diese Unbegrenztheit der Bedürfnisse ist eine wichtige Triebfeder für das wirtschaftliche Handeln des einzelnen Menschen in einer Gesellschaft.

Güter

Da Robi Hunger und Durst hat, sammelt er Früchte und sucht eine Quelle mit Trinkwasser. Zur Erfüllung seiner Wünsche muss er sich Gegenstände beschaffen. Anders formuliert:

Um Bedürfnisse zu befriedigen, benötigt man Waren und Dienstleistungen, die der Wirtschaftler als Güter bezeichnet. Selbstverständlich kommt Robinson erst in den Genuss von Dienstleistungen, als sich Freitag auf die Insel verirrt und seine Höhle auskehrt.

Wirtschaften und Produktion

Wie die Robinsongeschichte berichtet, war es Robi gelungen, bei der ersten Ebbe eine Bibel sowie eine Axt und verschiedene Messer vom Schiffswrack herüberzuretten. Da die Nacht in den Tropen früh hereinbricht, hätte Robinson sehr gerne in der finsteren Höhle noch in seiner Bibel gelesen oder sein Tagebuch geschrieben. Er kam auf die Idee, sich eine Lampe zu bauen. Mithilfe von Axt und Messer aus dem Wrack formte er aus einem Holzstück ein Schüsselchen. In das Holzschüsselchen gab er den Talg erlegter Ziegen hinein und steckte einen Schiffsdocht dazu. Man glaubt es kaum, es funktionierte, stank aber fürchterlich.

Der Wirtschaftler würde diese Situation wie folgt beschreiben: Robinson hat ein Kulturbedürfnis (in der Bibel lesen) und erfüllt sich diesen Wunsch durch die Herstellung einer Lampe, die man als Konsumgut bezeichnen kann. Diese Lampe stellt er mit Hilfe einer Axt und einem Messer her, d.h. mit Investitionsgütern.

Konsumgüter (z.B. das Lehrwerk *Wirtschaft macchiato*) dienen demnach zur Befriedigung menschlicher Bedürfnisse (z.B. ein gutes Fachbuch zu lesen), während mithilfe von **Investitionsgütern** (z.B. die Druckmaschine der vom Pearson-Verlag beauftragten Druckerei) Konsumgüter hergestellt werden.

Konsum- und Investitionsgüter werden von Menschen angefertigt und man bezeichnet sie als **wirtschaftliche Güter**. Daneben gibt es noch freie Güter, für Robinson z.B. die frische Meeresbrise und das Salzwasser, für Sie das Sonnenlicht oder Regenwasser. **Freie Güter** sind in unbegrenzter Menge vorhanden und müssen nicht produziert werden.

Wie wir wissen, produziert Robi nicht nur sein eigenes Brot, sondern er fertigt auch Kleidung aus Ziegenfell und dörrt sich Kaninchenfleisch. Solche Waren bezeichnet der Wirtschaftler als **Sachgüter**. Er nimmt auch die Arbeitsleistung des Freitag in Anspruch, der ihm – wie erwähnt – die Hütte sauber hält und die Fallen aufstellt. Solche Tätigkeiten werden als **Dienstleistungen** bezeichnet. Neben diesen Konsumgütern erzeugt er zudem Investitionsgüter wie den Backofen, wobei hier ebenfalls zwischen Sachgütern, z.B. dem Backofen, und Dienstleistungen, also der Arbeitsleistung beim Bau des Ofens, unterschieden wird. Ein wichtiger Unterschied zwischen den Sachgütern und den Dienstleistungen besteht darin, dass man Sachgüter auf Vorrat produzieren kann, Dienstleistungen dagegen nicht.

Wirtschaften und Produktion

Hier ein Überblick über die Gütersystematik, die Sie in den folgenden Kapiteln immer wieder benötigen.

ARTEN	MERKMALE	BEISPIELE
FREIE GÜTER	UNBEGRENZT VORHANDEN	WÜSTENSAND, STEINE
WIRTSCHAFTLICHE GÜTER	MÜSSEN ERZEUGT WERDEN, SIND BEGRENZT VORHANDEN	KONSUMGÜTER, INVESTITIONSGÜTER
KONSUMGÜTER	BEFRIEDIGEN MENSCHLICHE BEDÜRFNISSE	PIZZA, FAHRRAD, FERNSEHER
INVESTITIONSGÜTER	DIENEN DER ERZEUGUNG VON KONSUMGÜTERN	MASCHINEN, WERKZEUGE, INDUSTRIEANLAGEN

Wirtschaften

Bis jetzt wissen wir: Menschen haben Bedürfnisse und müssen diese durch unterschiedliche Güter befriedigen. Das Problem an der ganzen Sache ist jedoch, dass der überwiegende Teil der Sachgüter und Dienstleistungen hergestellt werden muss. Wir leben leider nicht im Schlaraffenland, wo alle Güter in unbegrenzter Menge vorhanden sind. Um zu überleben, aber auch, um sich das Leben angenehmer zu gestalten, muss Robinson, wie wir alle, wirtschaften.

1 Wirtschaften

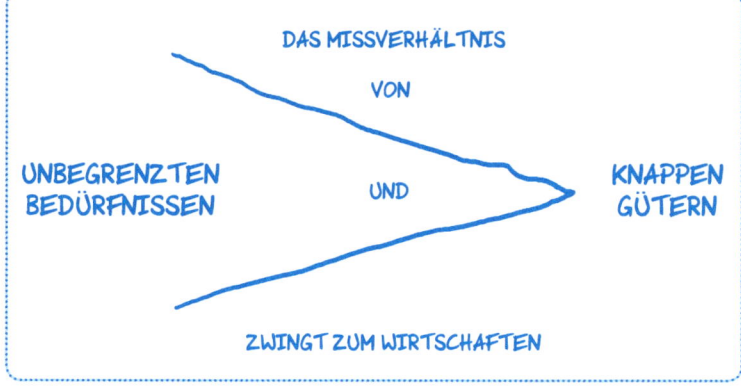

Unter **Wirtschaften** versteht man alle rationalen Aktivitäten, bei denen menschliche Bedürfnisse unter Einsatz von Gütern befriedigt werden.

Ökonomisches Prinzip

Wie erwähnt, war das Schiffswrack vor der Insel auf Grund gelaufen und Robi sah sich zunächst mit dem Problem konfrontiert, entweder auf der Insel eine Hütte zu errichten oder ein Floß zu bauen, um noch brauchbare Gegenstände (ab jetzt Güter) vom Schiff zu holen.

Robinson entschied sich für das Holzfloß. Er konnte sich Nägel, Beile, Flinten und Pulver holen, was sich als großer Nutzen erwies. Robi war gezwungen, sich zu entscheiden, d.h. aus mehreren nicht gleichzeitig zu verwirklichenden Möglichkeiten eine Auswahl zu treffen, wobei er die Alternative wählte, die ihm den größten Nutzen versprach. Robinson handelte nach dem ökonomischen Prinzip, auch Wirtschaftlichkeitsprinzip genannt.

Beim **Wirtschaftlichkeitsprinzip** versucht man, das Verhältnis zwischen dem Einsatz (Input, Einnahmen, Aufwand, Mittel) und dem gewünschten Ergebnis (Output, Ausgaben, Ertrag, Nutzen) so günstig wie möglich zu gestalten.

1 Ökonomisches Prinzip

Gold vom Schiff zu holen, bringt Robi keinerlei Nutzen, hingegen kann er mit Nägeln, Säge und Hammer viel mehr anfangen.

Robinson handelt wie ein Homo Ökonomikus, d.h., er versucht, das Verhältnis zwischen Aufwand und Ertrag möglichst günstig zu gestalten.

Bei der rationalen Handlungsweise des Robinson kann man zwei extreme Varianten feststellen:

- Baut Robinson z.B. an einem Arbeitstag mit acht Stunden ein möglichst großes Floß, um wertvolle Güter an Land zu retten, so handelt er nach dem **Maximalprinzip**, auch Ergiebigkeitsprinzip genannt. Er versucht also, mit acht Stunden Arbeitszeit das größtmögliche Floß, z.B. mit acht Balken, zu bauen. Allgemein formuliert, beim Maximalprinzip versucht man, mit einem gegebenen Einsatz ein größtmögliches Ergebnis zu erzielen. Wenn Sie z.B. mit Ihrem „50 Liter-Tank" möglichst viele Kilometer fahren wollen, dann handeln Sie nach dem Maximalprinzip.

Wirtschaften und Produktion 1

- Andererseits, wenn Robinson sich ein bestimmtes Floß mit nur sechs Baumstämmen in fünf oder vier Stunden, also möglichst schnell, bauen will, um sich anschließend eine Hütte zu zimmern, so handelt er nach dem **Minimalprinzip**, auch Sparsamkeitsprinzip genannt. Beim Minimalprinzip versucht man, ein bestimmtes Ergebnis (Sechs-Stämme-Floß) mit dem geringsten Mitteleinsatz (nur fünf Stunden Arbeit) zu erreichen. Wenn Sie Ihre Lieblingsfertigpizza „Quattro Stagioni" in dem Supermarkt kaufen, wo sie am billigsten ist, handeln Sie nach dem Minimalprinzip.

Produktionsfaktoren

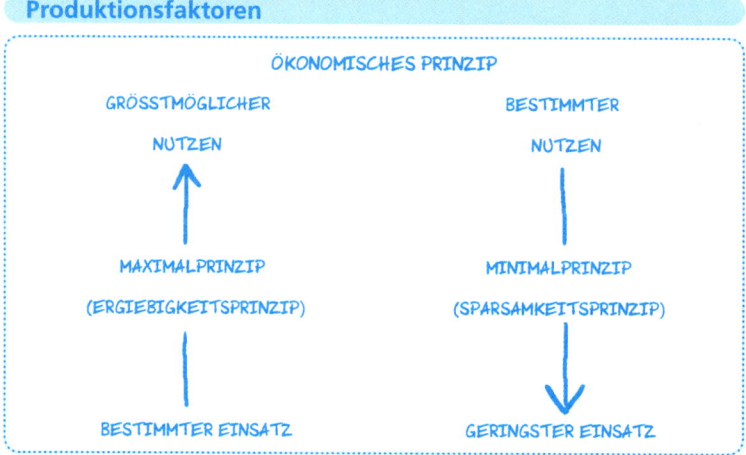

1 Produktionsfaktoren

Robinson kann sich nicht immer nur von Früchten und Quellwasser ernähren, er will seinen Speiseplan mit Fleisch anreichern. Auf der Insel leben viele Kaninchen und Robinson gelingt es, jeden Tag ein Kaninchen mit der Hand zu fangen, das er noch am selben Tag verspeist. Anschließend ist er erschöpft und schläft den ganzen Tag und am anderen Tag geht es so weiter. Diese zugegebenermaßen einseitige und ungesunde Lebensweise wollen wir einmal vom Standpunkt des Wirtschaftlers aus betrachten.

Wie jeder Mensch hat Robi Hunger und will dieses Bedürfnis durch das Konsumgut Kaninchenfleisch befriedigen. Kaninchen leben in der Wildnis und sind wie alle lebenden Geschöpfe ein Teil der Natur. Er benötigt also den **Produktionsfaktor Natur**.

Zum Faktor Natur, auch Boden genannt, gehören die gesamte Bodenfläche, die landwirtschaftlich, industriell und verkehrsmäßig genutzt wird, sowie die Bodenschätze und die Energiequellen. Angesichts der zunehmenden Verknappung von Luft und Wasser wird auch vom Faktor Umwelt gesprochen.

Wirtschaften und Produktion 1

Da wilde Kaninchen normalerweise dem Menschen nicht zulaufen, um sich abschlachten zu lassen, muss Robi die Tierchen mit der Hand fangen. Er benötigt also noch seine Arbeitskraft oder den **Produktionsfaktor Arbeit**.

Arbeit ist jede zielgerichtete menschliche Tätigkeit zur Befriedigung menschlicher Bedürfnisse. Unter dem Faktor Arbeit versteht man das gesamte Arbeitspotenzial (Arbeitskräftezahl, Ausbildungsstand, Arbeitsstunden) einer Volkswirtschaft, das von den privaten Haushalten angeboten wird. Beim Faktor Arbeit unterscheidet man zwischen ausführender und leitender Tätigkeit, wobei in arbeitsteiligen Gesellschaften der dispositive (leitende) Faktor von immer größerer Wichtigkeit ist.

Stellen Sie sich mal vor, Robi fängt jeden Tag ein Kaninchen mit der Hand, verschlingt es und ist von all dem so erschöpft, dass er schlafen muss. Und das geht so die nächsten Wochen, Monate, Jahre. Eines Tages fängt er zwei Kaninchen. Dann hat er zwei Möglichkeiten. Welche wohl? An dieser Stelle bitte nicht weiterlesen, sondern angestrengt nachdenken!

Ich hoffe nicht, dass Sie zu denen gehören, die Robinson raten, einen Tag Urlaub zu machen und anschließend sein kulinarisch monotones freudloses Dasein fortzuführen. Robi könnte nämlich an seinem freien Tag eine Falle bauen und damit seine Konsumgüterproduktion (Anzahl der Kaninchen) wesentlich verbessern. Die Falle ist für uns ein Investitionsgut und alle Investitionsgüter zusammen bilden den **Produktionsfaktor Kapital**. Bitte den Ausdruck Faktor Kapital nicht mit Geldkapital verwechseln.

KAPITAL ARBEIT NATUR

Zum Faktor Kapital gehören in einer Volkswirtschaft alle dauerhaften Produktionsmittel wie Gebäude, Maschinen und Werkzeuge. Da Kapital anders als die ursprünglichen (originären) Faktoren Natur und Arbeit erst geschaffen werden muss, bezeichnet man es als abgeleiteten (derivaten) Produktionsfaktor.

Robi konnte die Falle nur konstruieren, weil er als gebürtiger Engländer wusste, wie man eine Falle baut, d.h., er verfügte über das technische Wissen, auch Know-how genannt.

Da in modernen, arbeitsteiligen Volkswirtschaften das technische Wissen von großer und stark zunehmender Bedeutung ist, weisen manche Wirtschaftswissenschaftler den Produktionsfaktor Wissen als eigenständigen Faktor aus.

Fassen wir zusammen: Unter **Produktion** versteht man die Herstellung von wirtschaftlichen Gütern unter Einsatz der Produktionsfaktoren Natur, Arbeit und Kapital.

Produktionsfunktion

Also, Sie wissen jetzt, wenn Robi Brot backen will, braucht er Getreide, um Mehl herzustellen, also den Faktor Natur, einen Backofen, für ihn der Faktor Kapital, und seine Arbeitskraft. Aber halt!! Wenn er den Getreidesack, den er vom Wrack gerettet hat, aufbraucht, kann er kein Brot mehr backen. Es ist doch schlauer, einen Teil der Körner auszusäen und Weizen anzubauen. Gedacht, getan.

Robi rodet zunächst ein Feld mit 2500 qm und sät die Getreidekörner an. Nach einer Stunde ist er fertig und wartet in den kommenden Wochen auf die Ernte, also den Ertrag seiner Tätigkeit. Unter **Gesamtertrag** versteht man die Summe der erstellten Güter in einer Periode.

Der Gesamtertrag seiner Arbeit ist bei einer Stunde mit 2,5 Zentnern (Ztr) entsprechend gering. Bei der nächsten Aussaat will er es besser machen. Gleiche Fläche, gleiche klimatische Bedingungen, Bodengüte usw., aber er setzt jetzt für Saat und Auflockerung des Bodens zwei Stunden Arbeitszeit ein. Sein Gesamtertrag steigt dadurch auf 6,5 Ztr.

Durch den Einsatz einer weiteren Arbeitsstunde wächst sein Ertrag um 4,0 Ztr. Diesen Ertragszuwachs bezeichnet man als **Grenzertrag**.

$$\text{GRENZERTRAG} = \frac{\text{ERTRAGSZUWACHS}}{\text{ZUSÄTZLICHER FAKTOREINSATZ}} = \frac{4{,}00 \text{ Ztr}}{1 \text{ Stunde}} = 4{,}00 \text{ Ztr/Stunde}$$

Betrachtet Robi das durchschnittliche Ergebnis seiner landwirtschaftlichen Tätigkeit, so hat er in zwei Stunden einen Gesamtertrag von 6,50 Ztr erwirtschaftet, d.h., sein Durchschnittsertrag beträgt 3,25 Ztr Weizen je Arbeitsstunde. Der **Durchschnittsertrag** errechnet sich aus dem Verhältnis von Gesamtertrag zu Faktoreinsatz.

$$\text{DURCHSCHNITTSERTRAG} = \frac{\text{GESAMTERTRAG}}{\text{GESAMTER FAKTOREINSATZ}} = \frac{6{,}50 \text{ Ztr}}{2 \text{ Stunden}} = 3{,}25 \text{ Ztr/Stunde}$$

In Robinson erwacht der Forscherdrang und er erhöht von Ernteperiode zu Ernteperiode seinen Arbeitsaufwand um jeweils eine Stunde und fertigt – ohne von der Deutschen Forschungsgesellschaft gesponsert zu werden – Aufzeichnungen darüber an. Sein Forschungsprojekt läuft über zehn Jahre, wobei er den Arbeitseinsatz von Jahr zu Jahr um eine Stunde steigert.

Wirtschaften und Produktion 1

ARBEITSSTUNDEN	GESAMTERTRAG	GRENZERTRAG	DURCHSCHNITTS-ERTRAG
0	0	0	0
1	2,5	2,5	2,5
2	6,5	4,0	3,25
3	11,5	5,0	3,66
4	17,0	5,5	4,25
5	23,0	6,0	4,60
6	28,5	5,5	4,75
7	33,5	5,0	4,78
8	38,0	4,5	4,75
9	41,5	3,5	4,61
10	40,5	-1,0	4,05

Um unseren Billy Bargain geistig etwas herauszufordern, will Miss Ökonomia den Zusammenhang von Gesamtertrag, Arbeitszeit, Grenzertrag und Durchschnittsertrag grafisch darstellen. Billy hilft ihr. Sie entwickeln zwei Koordinatensysteme. Ein Koordinatensystem besteht aus dem Gesamtertrag auf der Hochwertachse und den Arbeitsstunden auf der Rechtswertachse. Darunter zeichnen beide ein Koordinatensystem mit dem Grenzertrag und dem Durchschnittsertrag auf der Hochwertachse und den Arbeitsstunden auf der Rechtswertachse. Anschließend tragen sie die Zahlen ein, die von Robi während seiner schweißtreibenden Arbeit ermittelt wurden. Und so sieht es aus!

1 Produktionsfunktion

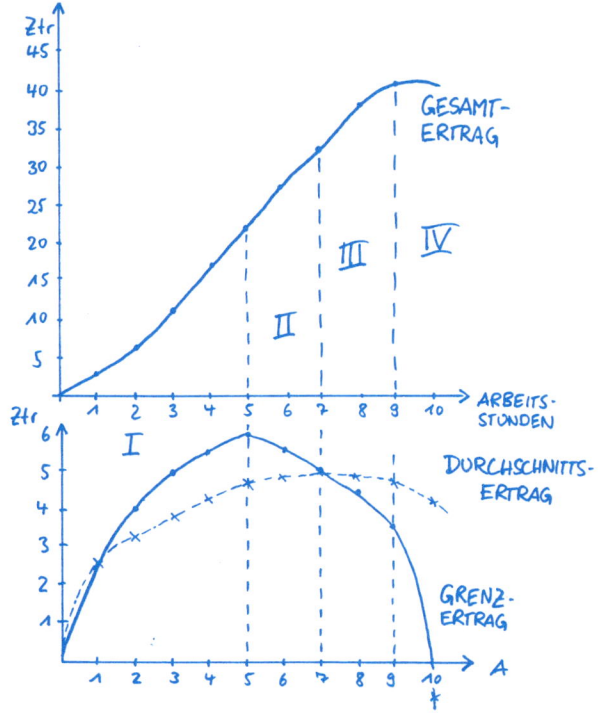

> Da die Sache doch etwas schwierig ist, finden Sie eine Aufgabe im Anhang (A1).

Ob Sie's glauben oder nicht, aber unsere beiden haben mit dieser Darstellung die Grundlagen der Produktionsfunktion erarbeitet.

> Die **Produktionsfunktion** beschreibt den mengenmäßigen Zusammenhang zwischen dem Faktoreinsatz (Input) und der damit erreichten Produktionsausbringung (Output).
>
> Man bezeichnet den beschriebenen Zusammenhang auch als **Ertragsfunktion**. Für die Ertragsfunktion gilt folgende Bedingung:
>
> Ertrag = f (Faktor 1, restliche Faktoren konstant)

Sie ist typisch für die landwirtschaftliche Produktion und wurde erstmals von Anne-Robert-Jacques Turgot (1726 – 1781) beschrieben. Selbiger war Finanzminister unter Ludwig XVI.

Betrachtet man den Kurvenverlauf etwas genauer, so erkennt man: In der **ersten Phase** wächst der Gesamtertrag des variablen Faktors überproportional; der Grenzertrag sowie der Durchschnittsertrag nehmen ebenfalls zu. Bei 5 Stunden Arbeitseinsatz erreicht allerdings der Grenzertrag mit 6 Ztr seinen höchsten Stand. Danach wendet sich die Grenzertragskurve nach unten, während der Durchschnittsertrag noch zunimmt. Phase eins ist damit der Bereich zwischen 0 und 5 Stunden.

Die **zweite Phase** zeigt ein unterproportionales Wachstum des Gesamtertrags; der Durchschnittsertrag steigt noch weiter und erreicht am Ende dieser Phase sein Maximum. Also mit 7 Arbeitsstunden erarbeitet sich Robi einen Durchschnittsertrag von 4,78 Ztr und dies ist sein maximales Ergebnis. Phase zwei der Produktionsfunktion umfasst den Bereich zwischen 5 und 7 Stunden.

In der **dritten Phase** wächst der Gesamtertrag noch immer und erreicht bei 9 Stunden Arbeitseinsatz mit 41,5 Ztr sein Maximum; Grenzertrag und Durchschnittsertrag befinden sich weiterhin auf Sinkflug.

Und in der **vierten** und letzten **Phase** verliert auch der Gesamtertrag seine Kraft und wird rückläufig. Ein noch höherer Arbeitseinsatz ist für Robi überhaupt nicht sinnvoll und er sollte seinen Versuch abbrechen.

Die Forschungsergebnisse des Robi zeigen eindeutig, dass bei zunehmendem Arbeitseinsatz und Konstanz der übrigen Produktionsfaktoren die Produktion zunächst deutlich, dann immer langsamer zunimmt und schließlich sogar abnimmt. Es handelt sich demnach um ein Gesetz vom abnehmenden Ertragszuwachs. Auch dazu ergänzende Informationen im Internet.

1 Produktionsfunktion

Aber wie viele Stunden soll unser Robi überhaupt arbeiten? Billy hält neun Stunden für das Optimum. Aber Miss Ökonomia weiß es natürlich besser. Am sinnvollsten ist es, nur sieben Stunden zu arbeiten.

DA BEI IHNEN BESTIMMT AN DIESER STELLE DER LERNERTRAG AM HÖCHSTEN IST UND SICH DER LERNERTRAG GERADE MIT DEM DURCHSCHNITTSLERNERTRAG SCHNEIDET, IST ES SINNVOLL AUFZUHÖREN.

Der optimale Einsatz der Produktionsfaktoren findet sich immer dort, wo der Gesamtertrag seinen Wendepunkt hat, der Durchschnittsertrag je Faktoreinheit am höchsten ist und wo sich Grenzertrag und Durchschnittsertrag schneiden.

Menschen haben vielfältige Bedürfnisse.

Die Bedürfnisse werden in Existenz-, Kultur- und Luxusbedürfnisse unterteilt.

Um sich Bedürfnisse zu erfüllen, muss der Mensch wirtschaften, d.h. Güter herstellen.

Die Güter werden in Konsumgüter, also Verbrauchs- und Gebrauchsgüter, und Investitionsgüter unterteilt.

Die Produktion von Gütern erfolgt durch die Kombination der Produktionsfaktoren Natur, Arbeit und Kapital.

Betrachtet man den mengenmäßigen Zusammenhang der Veränderung eines Produktionsfaktors im Hinblick auf seinen Ertrag, so erhält man die Produktionsfunktion.

Adam Smith und die unsichtbare Hand

2

Markt und Wettbewerb
Adam Smith und die unsichtbare Hand

Für Adam Smith war die Triebfeder des Wirtschaftens das Eigeninteresse der Menschen. „Nicht vom Wohlwollen des Metzgers, Brauers und Bäckers erwarten wir das, was wir zum Essen brauchen, sondern davon, dass sie ihre eigenen Interessen wahrnehmen", hatte er einmal formuliert. Smith wurde 1723 in Schottland geboren und gilt als der Begründer der modernen Nationalökonomie. An der Universität Glasgow lehrte er Logik und Moralphilosophie und war ein typisch zerstreuter Professor. Er machte sieben Heiratsanträge, alle ohne Erfolg. Sein Hauptwerk trägt den Titel „An Inquiry into the Nature and Causes of the Wealth of Nations" (1776).

Der Markt

Nach Meinung des Schotten kann sich die Eigeninitiative des Individuums am besten auf der Grundlage der „invisible hand" des Marktes entfalten. Was versteht man unter dieser unsichtbaren Hand des Marktes?

Markt und Wettbewerb **2**

Versetzen wir uns etwas in die Zeit des Adam Smith. Schottland war damals ein armes Land, in dem Schafzucht und Textilwirtschaft betrieben wurden. Also lüften wir das Geheimnis der unsichtbaren Hand am Beispiel des Handels mit Schafwolle. Man könnte den Marktmechanismus natürlich auch am Beispiel von Whiskyfässern oder Dudelsäcken erläutern. Die Schafwolle wurde auf den Märkten in Glasgow oder Edinburgh in der Maßeinheit „Ballen" gehandelt. Hier trafen sich die Schafzüchter, die ihre Wolle anboten, und die Weber, die die Wolle kauften und verarbeiteten.

Übrigens, unter **Markt** verstehen die Ökonomen jedes Zusammentreffen von Angebot und Nachfrage. Dies ist in seltenen Fällen ein bestimmter Platz, wie beim Gemüse- oder Fischmarkt. Heute sind die Marktteilnehmer meist räumlich getrennt, wie beim Gebrauchtwagenmarkt oder dem Wohnungsmarkt, und kommunizieren über Telefon, Zeitungsannoncen oder Internet.

2 Nachfragekurve

Nachfragekurve

Nehmen wir an, beim schottischen Wollhandel gibt es viele Familienbetriebe, die Schafwolle benötigen, um in Handarbeit Jacken, Westen, Pullover oder Teppiche herzustellen. Ist der Preis für einen Ballen mit z.B. 60 GE (Geldeinheiten) sehr günstig, so wollen relativ viele dieser Kleinunternehmer Schafwolle kaufen. Da Zahlen die Zusammenhänge deutlicher wiedergeben als Worte, nehmen wir an: Bei einem Preis von 60 GE werden 35 Stück Ballen nachgefragt. Würde der Preis auf 70 GE steigen, ist dies für einige Wollkäufer bereits zu teuer und die Nachfrage sinkt auf 30 Ballen. Sie können sich vorstellen, dass bei 80 GE nur noch 25 Ballen gekauft werden; bei 90 GE noch weniger, nämlich 20 Ballen des wertvollen Rohstoffs, und bei 100 GE sind es schließlich nur noch 15 Ballen Schafwolle.

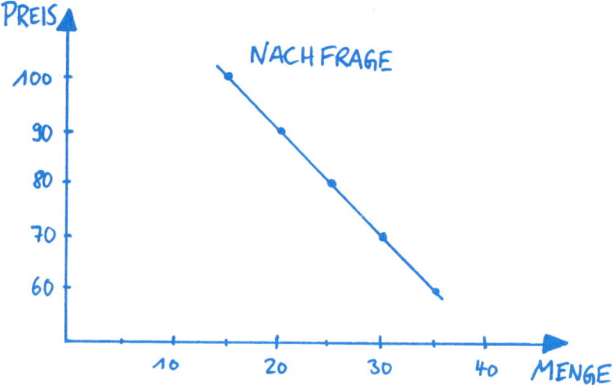

Eine grafische Darstellung mit den Preisen in GE auf der Hochwertachse und den Mengen (Stück Ballen) auf der Rechtswertachse zeigt, dass die Nachfrage bei steigendem Preis sinkt. Der Käufer folgt dem Nutzenmaximierungsprinzip und will möglichst preiswert einkaufen.

> Unter **Nachfrage** versteht man allgemein die Menge an Gütern, die die Käufer auf den Märkten erwerben wollen. Sie hängt nicht nur vom Preis der Ware, sondern auch von der Kaufkraft der Kunden, ihren Vorlieben wie Modetrends, technischen Neuerungen oder vom Alter ab. Aber auch der Preis von Substitutionsgütern spielt eine Rolle. Unter Substitution versteht man die Möglichkeit, Güter untereinander auszutauschen, wobei sich Preis und Menge gegenseitig beeinflussen. Steigt z.B. der Butterpreis, so wird die Nachfrage nach Margarine zunehmen, sinkt der Preis für Tee, so wird weniger Kaffee gekauft und Schafwolle kann durch Baumwolle ersetzt werden.

2 Preismechanismus

Angebotskurve

Den vielen wollverarbeitenden Familienbetrieben auf dem Glasgower Wollmarkt stehen die zahlreichen Schafzüchter der schottischen Highlands gegenüber. Diese wollproduzierenden Kleinunternehmer versuchen, ihre Wolle möglichst teuer zu verkaufen und handeln nach dem Gewinnmaximierungsprinzip. Bei dem hohen Preis von 100 GE würden sie viele Schafe züchten und 35 Ballen anbieten, bei einem Preis von 90 GE nur 30, bei einem Preis von 80 GE nur 25 Ballen. Sinkt der Preis auf 70 GE, so würden sie 20 und bei 60 GE nur noch 15 Ballen Wolle anbieten. Mit sinkendem Preis bieten die Wollproduzenten immer weniger Ballen Schafwolle an, da ihre Verdienste zunehmend geringer werden.

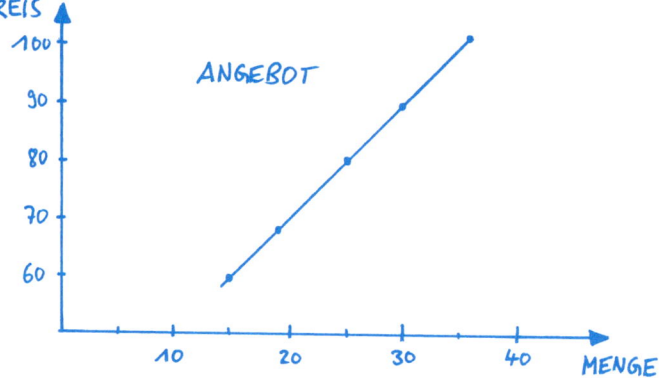

Unter **Angebot** versteht man die Menge an Gütern, die die Verkäufer auf den Märkten absetzen wollen. Das Angebot hängt überwiegend vom Preis, aber auch von den Gewinnerwartungen der Hersteller, deren Produktionsmöglichkeiten und von der Nachfragestruktur der Käufer ab. Gibt es z.B. für ein bestimmtes Gut keine oder nur eine geringe Nachfrage, so wird das Gut vom Markt genommen und durch ein anderes mit höherer Nachfrage ersetzt.

Preismechanismus

2 Preismechanismus

Bei einem Preis von 60 GE werden zwar 35 Ballen nachgefragt, aber nur 15 Stück angeboten. Es wechseln also nur 15 Ballen ihren Eigentümer und der Umsatz, also das Produkt aus Menge mal Preis (60 GE x 15 Stück), beträgt nur 900 GE. Bildet sich ein Preis von 70 GE, so ist die umgesetzte Menge 20 Stück und der Umsatz 1400 GE. Bei einem Preis von 80 GE ist die nachgefragte Menge mit 25 Ballen gleich der angebotenen Stückzahl und der Umsatz ist mit 2000 GE am größten. Der Wirtschaftler bezeichnet den Preis von 80 GE als Gleichgewichtspreis und die umgesetzte Menge von 25 Stück als Gleichgewichtsmenge. Bei diesem Preis treffen sich die Vorstellungen von Anbietern und Nachfragern. Der **Gleichgewichtspreis** ist der Preis, bei dem die angebotene und die nachgefragte Menge eines Gutes auf dem Markt übereinstimmen.

Stellt man das Verhalten der Nachfrager und der Anbieter in einem gemeinsamen Koordinatensystem gegenüber, so erkennt man deutlich, dass die unterschiedlichen Vorstellungen in einem Punkt aufeinander treffen.

Markt und Wettbewerb 2

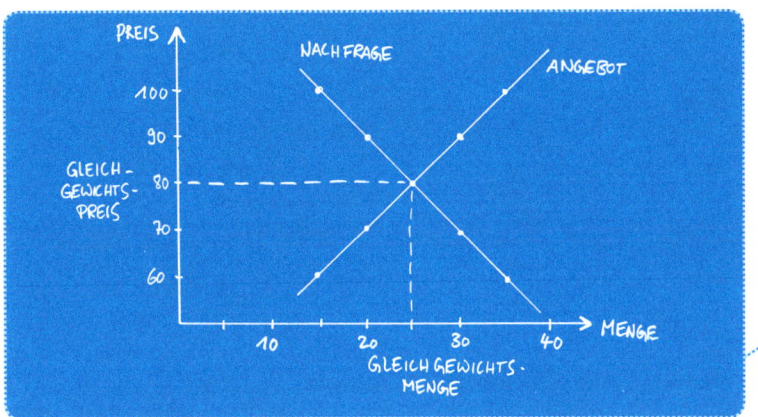

Der **Preismechanismus** ist wie eine selbstständig wirkende Kraft, die auf den Märkten zu einem Ausgleich der Eigeninteressen von Anbietern und Nachfragern führt. Durch diesen sich selbst regulierenden Mechanismus kommt es zu einem Marktgleichgewicht, bei dem die größte Gütermenge umgesetzt wird und – wie die Ökonomen zu sagen pflegen – der Markt geräumt ist. Die meisten gehen zufrieden nach Hause. Es ist doch erstaunlich: Obwohl Anbieter und Nachfrager ihre Produktions- und Konsumpläne unabhängig voneinander aufstellen, führt der Preisbildungsprozess zu einer Abstimmung der Pläne und ermöglicht es allen Marktteilnehmern, die von ihnen gewünschten Mengen zu realisieren.

Konsumenten- und Produzentenrente

> **Konsumenten- und Produzentenrente**

Obwohl auf allen Märkten viel gefeilscht und gestritten wird, ist der größte Teil der Marktteilnehmer mit dem Gleichgewichtspreis zufrieden. Warum ist das so? Wenn Sie auf das Preis-Mengen-Diagramm blicken, erkennen Sie, dass es Käufer gibt, die 100 GE oder 90 GE zahlen würden und den Ballen Wolle für 80 GE bekommen. Den Unterschied zwischen dem höheren Preis, den einzelne Kunden zu zahlen bereit sind, und dem tatsächlichen Marktpreis bezeichnet man als Konsumentenrente. Ökonomisch präzise formuliert: Die **Konsumentenrente** ist die Differenz aus dem höheren Preis, den der Konsument für ein Gut zu zahlen bereit ist, und dem niedrigeren Gleichgewichtspreis, den der Konsument aufgrund der Marktverhältnisse tatsächlich zahlen muss. Sie wird auch als consumer surplus bezeichnet.

Andererseits gibt es Wollhersteller, die bereit wären, für 60 GE oder 70 GE ihre Ballen anzubieten. Hier entsteht eine Produzentenrente. Die **Produzentenrente** ist die Differenz zwischen dem niedrigeren Preis, zu dem ein Hersteller aufgrund seiner Kostenstruktur seine Erzeugnisse anbieten würde, und dem höheren Gleichgewichtspreis. Logischerweise wird die Produzentenrente als producer surplus bezeichnet.

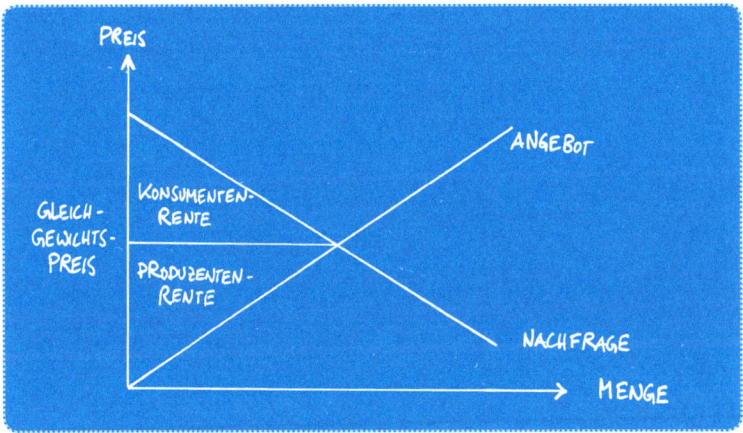

Wenn wir es genau betrachten, profitieren ein Teil der Anbieter und der Nachfrager aus der Marktsituation und die Bildung des Gleichgewichtspreises führt demnach zu einem beiderseitigen Vorteil und wird als win-win-Situation bezeichnet. Allerdings haben nur die Wohlhabenden und die kostengünstig Produzierenden einen Vorteil, die Armen und die Hersteller mit hohen Produktionskosten bleiben auf der Strecke.

LOOSE – LOOSE – SITUATION

Angebots- und Nachfrageüberhang

Bisher haben wir uns mit dem Marktmechanismus und seinen glücklichen Anbietern und Nachfragern beschäftigt. Was aber passiert, wenn irgendjemand den Marktmechanismus ignoriert und den Preis für eine Ware über oder unter dem Gleichgewichtspreis festsetzt?

Markt und Wettbewerb 2

Wird der Preis für ein Gut über dem Gleichgewichtspreis z.B. bei 90 GE angesetzt, so können Sie dem Preis-Mengen-Diagramm auf Seite 41 entnehmen, dass nur 20 Stück Ballen nachfragt, jedoch 30 Stück angeboten werden. Es werden also 10 Stück mehr angeboten, als nachgefragt und man spricht von einem Angebotsüberhang. Beim **Angebotsüberhang** übersteigt das Angebot die Nachfrage. Diese Situation führt zu einem Konkurrenzdruck unter den Anbietern, die zu Preisnachlässen gezwungen sind, um ihre Waren loszuwerden. Dies wiederum regt die Nachfrage an und das Angebot geht zurück.

Wird der Preis einer Ware beispielsweise aus sozialen Erwägungen unter dem Gleichgewichtspreis angesetzt (z.B. bei 60 GE), so wird mehr nachgefragt (35 Stück) als angeboten (15 Stück). Hier spricht man von einem Nachfrageüberhang. Beim **Nachfrageüberhang** übersteigt die Nachfrage das Angebot. In dieser Situation werden sich die Konsumenten gegenseitig überbieten und so den Preis nach oben treiben. Dies wiederum regt die Nachfrage an und das Angebot geht zurück.

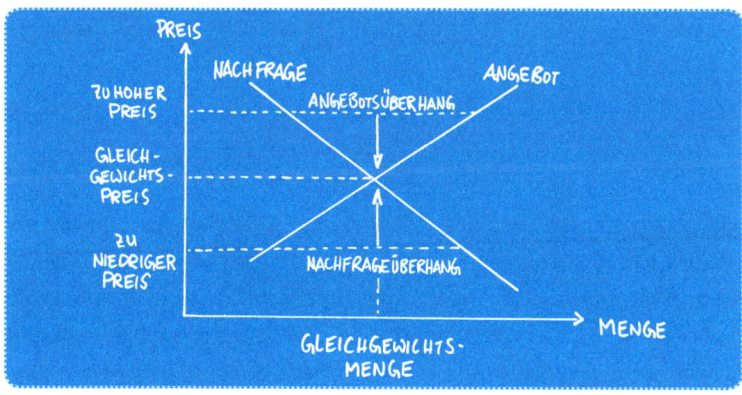

2 Polypol

Das Polypol

Wie fast immer beginnen die Ökonomen mit anschaulichen Beispielen aus der wirtschaftlichen Wirklichkeit und entwickeln dann sehr schnell irgendeine Theorie oder ein Modell, das für die Realität nur bedingt zutrifft. Dem Preismechanismus, wie wir ihn bisher beschrieben haben, liegt ein Modell zugrunde, das nur unter ganz bestimmen Bedingungen gilt und als Polypol bezeichnet wird.

Beim Polypol handelt es sich um eine Marktform, bei der unterstellt wird, dass viele Nachfrager und viele Anbieter einander gegenüberstehen und damit vollständiger Wettbewerb (Konkurrenz) herrscht. Anbieter und Nachfrage können den Marktpreis nicht direkt festlegen, da ihr Marktanteil und ihr Einfluss viel zu gering sind. Von den Marktteilnehmern kann nur die Menge der angebotenen Güter beeinflusst werden, sie sind Mengenanpasser.

Unter den Bedingungen des vollkommenen Wettbewerbs, also der polypolistischen Annahmen, kann man Marktregeln entwickeln. Hierbei betrachtet man die Veränderungen der Nachfragekurve und der Angebotskurve. Um zu eindeutigen Aussagen zu kommen, hält man eine Kurve immer konstant und verfolgt die Bewegung der anderen Kurve.

Markt und Wettbewerb 2

Wenn bei gleichem Angebot eine größere Menge an Wollballen nachgefragt wird, verschiebt sich die Nachfragekurve nach rechts. Es entsteht ein Nachfrageüberhang, der den Preis entlang der Angebotskurve nach oben treibt.

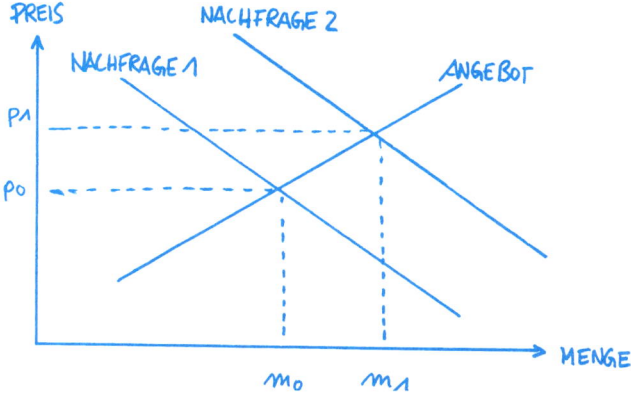

Der steigende Preis wiederum bedeutet für die Anbieter erhöhte Gewinnmöglichkeiten und veranlasst sie, mehr Wolle zu produzieren. Bei steigender Nachfrage steigt der Preis und die Menge von der alten Gleichgewichtssituation p_0, m_0 zur neuen Gleichgewichtssituation p_1, m_1.

Auch dazu eine einfache Aufgabe (A2).

2 Oligopol

Bei sinkender Nachfrage sinkt der Preis.

Bei steigendem Angebot sinkt der Preis.

Bei sinkendem Angebot steigt der Preis.

Das Oligopol

UND WAS HAT MEIN TOASTER MIT OLIGOPOLEN ZU TUN?

WIE VIELE ANDERE AUCH BENÖTIGEN SIE STROM, UM DEN TOASTER ZU NUTZEN. ES GIBT ABER NUR WENIGE STROMANBIETER.

ALSO HEISST OLIGOPOL VIELE TOASTER UND WENIG STECKDOSEN?

Bleiben wir bei der Schafzucht und dem Wollhandel in Schottland. Es könnte doch sein, dass die kleinen Schafzüchter zunehmend verarmen und von wenigen reicheren Wollanbietern aufgekauft werden. Dieser geringen Zahl an Anbietern stehen nun eine Vielzahl von Nachfragern nach Schafwolle gegenüber. Diese Marktform bezeichnet man als **Oligopol**, besser Angebotsoligopol. Es können auch wenigen Nachfragern viele Anbieter gegenüber stehen, dann spricht man von einem Nachfrageoligopol. Und zur Vollständigkeit, es können sich auf einem Markt auch wenige Anbieter und wenige Nachfrager einander gegenüberstehen. Diese Marktform bezeichnen die Ökonomen als zweiseitiges Oligopol.

Vor allem das Angebotsoligopol hat sich immer stärker ausgebreitet. Bei dieser Marktform kann die Preisfestsetzung auf unterschiedliche Weise erfolgen. Bei den Mineralölkonzernen nimmt man an, dass ein **abgestimmtes Verhalten** vorliegt, d.h., hier treffen sich die Chefs beim Frühstück – darum auch Frühstückskartelle genannt – und vereinbaren meist zu Beginn der Urlaubs- und Reisezeit höhere Kraftstoffpreise. Im

2 Monopol

Brauereiwesen gab es in den vergangenen Jahrzehnten eine **ruinöse Konkurrenz**. Die vielen Kleinbrauereien wurden so lange preislich unterboten, bis ihnen die „Luft ausging" und sie von den Großen aufgekauft wurden. Bei der Preisführerschaft wird der Preis weitgehend von einem Anbieter festgelegt, dem sich die wenigen anderen Konkurrenten anschließen. So eine **Preisführerschaft** findet sich bei großen Einzelhandelsketten, die den Preis einzelner Produkte festlegen, und die restlichen Anbieter müssen folgen. Angebotsoligopole gibt es aber nicht nur bei den großen Unternehmen der Automobilbranche, beim Flugzeugbau, bei Tennisbällen und Miniatureisenbahnen, sondern auch im Kleinen. Verstehen sich z.B. die Fahrschullehrer (Gärtner) in einem kleinen Ort sehr gut, so können sie natürlich den Preis für eine Fahrstunde (Blumen) etwas überhöht festlegen.

Das Monopol

Und nun ein letztes Mal zurück zu unseren Schafzüchtern und Wollverkäufern in Schottland. Nehmen wir an, ein reicher Lord würde alle Schafzüchter aufkaufen und hätte damit das Wollangebot in Schottland fest in seiner Hand. Diese Marktform bezeichnet man als **Monopol**, bei der nur ein Anbieter einer Vielzahl von Nachfragern gegenübersteht und über eine sehr große Marktmacht verfügt. Die Ursachen für solche Angebotsmonopole sind vielfältig. Natürliche Monopole ergeben sich durch die Versorgung mit Wasser, Strom oder Gas, aber auch das Eisenbahnnetz gehört dazu. Man wird doch nicht mehrere Wasseranschlüsse in ein Haus legen lassen, nur damit der Hausbesitzer den günstigsten Wasseranbieter auswählen kann. Rechtliche Monopole entstehen durch gesetzliche Bestimmungen. Beispiele hierfür sind das Branntweinmonopol oder das Glücksspielmonopol.

Als Wirtschaftler interessiert uns natürlich, wie der Monopolist seine Preise setzt. Als Alleinanbieter ist er konkurrenzlos und ihm steht die gesamte Nachfrage gegenüber. Während beim Polypol der Preis für den Anbieter ein „Datum" ist, das er nicht verändern kann, befindet sich der Angebotsmonopolist in der glücklichen Lage, dass er den Preis, aber auch die Absatzmenge seines Produkts, beeinflussen kann. Jedoch muss berücksichtigt werden, dass dies nur wahlweise möglich ist, d.h., er kann entweder den Preis oder die Absatzmenge verändern. Auch für

2 Monopol

ihn gilt die Regel, dass er bei einem hohen Preis weniger Produkte absetzen wird und bei einem niedrigeren Preis mehr Güter verkaufen kann.

Wenn wir annehmen, dass unser schottischer Landlord seinen Gewinn maximieren will, dann wird er den Preis und die dazugehörige Menge dort ansetzen, wo sein Gewinn am höchsten und damit der Abstand zwischen Erlösen und Kosten am größten ist. Diesen Zusammenhang hat erstmals der französische Mathematiker Augustin Antoine Cournot (1801–1877) am Beispiel einer Mineralquelle mit Heilwirkung beschrieben. Er lieferte eine exakte Berechnung des Punkts, an dem der Monopolist seinen Preis setzt. Man bezeichnet ihn als den **Cournotschen Punkt**. Wenn es Sie interessiert dann finden Sie im Internet eine ausführliche Beschreibung.

Markt und Wettbewerb

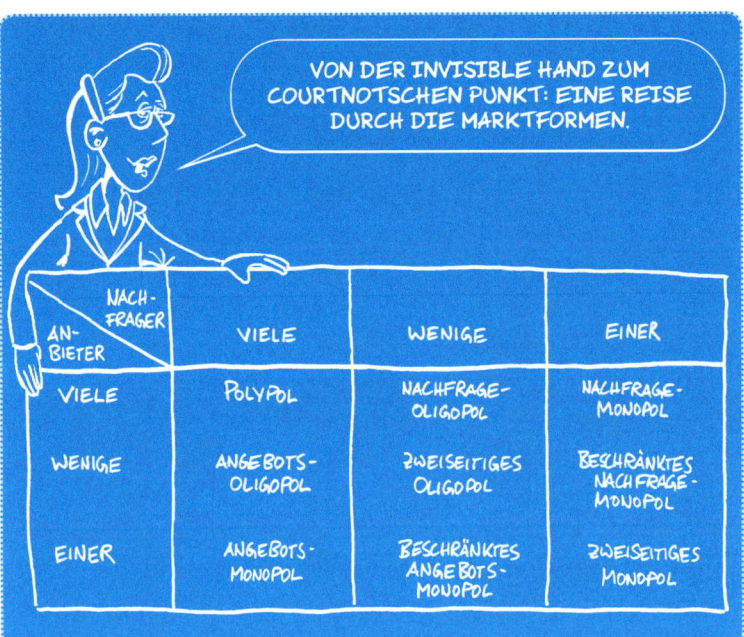

In der Bundesrepublik Deutschland hat sich nach dem zweiten Weltkrieg die Wirtschaftsordnung der sozialen Marktwirtschaft herausgebildet. Die ideale Marktform der sozialen Marktwirtschaft ist das Polypol. Aber in der wirtschaftlichen Realität findet sich auf den nationalen und internationalen Märkten diese Marktform selten. Die häufigste Marktform ist das Angebotsoligopol. Immer mehr Unternehmen schließen sich zusammen, um höhere Markt- und Umsatzanteile zu erzielen. Um den Wettbewerb in der Bundesrepublik Deutschland aufrechtzuerhalten, wurde das „Gesetz gegen Wettbewerbsbeschränkungen" – auch Kartellgesetz genannt – verabschiedet. Gleichzeitig richtete man auch eine Behörde ein, nämlich das Bundeskartellamt, dessen Aufgabe die Überwachung der Einhaltung und die Durchsetzung der gesetzlichen Vorschriften ist.

Wer mehr über das Bundeskartellamt wissen will, sollte folgende Adresse anklicken: *www.bundeskartellamt.de*

2 Monopol

Unter Markt versteht man jedes Zusammentreffen von Angebot und Nachfrage. Bei einem polypolistischen Markt stehen sich viele Anbieter und Nachfrager gegenüber und durch den Preismechanismus kommt es zu einem Ausgleich beim Gleichgewichtspreis und bei der Gleichgewichtsmenge. Angebotsüberhang und Nachfrageüberhang werden beseitigt. Der Preis selbst kann von den Marktteilnehmern nicht beeinflusst werden. Auf dem oligopolistischen Markt stehen meist wenigen Anbietern viele Nachfrager gegenüber und es gibt die Möglichkeit der Preisführerschaft, der abgestimmten Verhaltensweise und des ruinösen Wettbewerbs. Beim Monopol stehen einem Anbieter viele Nachfrager gegenüber und die Preissetzung erfolgt beim Cournotschen Punkt.

Francois Quesnay läuft im Kreis

Wirtschaftskreislauf und volkswirtschaftliche Gesamtrechnung

Francois Quesnay läuft im Kreis

Unser Herr Doktor ist **Francois Quesnay** (1694 – 1774). Er war Sohn einfacher Bauern, ging bei einem Wundarzt in die Lehre und wurde Chirurg. Später vermittelte ihn die einflussreiche Maitresse Madame de Pompadour an den Hof zu Versailles, wo er Leibarzt Ludwig XV wurde. 1752 erhielt er den Adelstitel, da er den Kronprinzen von den Windpocken geheilt hatte. Noch mit 60 Jahren widmete er sich der Nationalökonomie und schrieb sein Hauptwerk, das „Tableau economique", in dem er in Anlehnung an den Blutkreislauf des Menschen den Wirtschaftskreislauf entwickelte.

> **Methode der Aggregation**

Entsprechend den menschlichen Organen Herz und Lunge unterteilte Quesnay die Wirtschaft Frankreichs in drei Klassen: „la classe productive" mit Bauern und Pächtern, „la classe proprietaires", also Adel und Geistlichkeit, denen Grund und Boden gehörte, und „la classe sterile", wozu er Gewerbe, Handel, die Verwaltung und das Heer zählte. Er beschrieb als Erster ein Verfahren, das man in der Volkswirtschaftslehre als Methode der **Aggregation** bezeichnet. Hier werden gleichartige Wirtschaftssubjekte gedanklich zu einem Sektor zusammengefasst, also alle Bauern eines Landes zum Sektor Landwirtschaft.

Ähnlich wie beim Menschen Blut in den Adern zwischen Herz und Lunge strömt, nahm Quesnay zwischen den genannten Klassen Geld- und Güterströme an. Seine „besitzende Klasse" erhielt z.B. von der „produktiven Klasse" 2 Mrd. Livres in Form von landwirtschaftlichen Produkten. Er fasste also nicht nur gleichartige Wirtschaftssubjekte zu einem Sektor zusammen, sondern aggregierte auch gleichartige wirtschaftliche Aktivitäten zu einem Strom.

Modell des einfachen Wirtschaftskreislaufs

Da für unsere Zeit die von Quesnay genannten Sektoren und Ströme keine Bedeutung mehr haben, müssen andere gewählt werden. Moderne Ökonomen fassen alle privaten Haushalte einer Volkswirtschaft zum

Sektor Haushalt zusammen. Es handelt sich um die konsumtive Wirtschaftseinheit, deren Ziel es ist, die Bedürfnisse ihrer Mitglieder so gut wie möglich zu befriedigen. Der Haushalt ist der Bereich des Konsums und er handelt entsprechend nach dem **Nutzenmaximierungsprinzip**.

Dem Sektor Haushalt steht der Sektor Unternehmen gegenüber. Er ist der produktive Bereich und entsteht durch die gedankliche Zusammenfassung sämtlicher Unternehmen, also Industrie, Handwerk, Verwaltung, Versicherungen und Banken. Sein Ziel ist die Bereitstellung von Gütern für die Haushalte und er handelt nach dem **Gewinnmaximierungsprinzip**.

Zwischen den Sektoren verlaufen folgende Ströme:

- **Strom der Faktorleistungen:** Um ihre Bedürfnisse zu befriedigen, müssen die Menschen arbeiten, d.h., sie bieten den Produktionsfaktor Arbeit und die restlichen Faktoren den Unternehmen an. Der Sektor Unternehmen kombiniert die Faktoren Natur, Arbeit und Kapital, um Güter zu erzeugen.

- **Strom des Volkseinkommens:** Zum Ausgleich für die erbrachten Faktorleistungen zahlt das Unternehmen an die Haushalte das Volkseinkommen. Das Volkseinkommen ist die Summe aus Mieten und Pachten für den Faktor Natur, Löhnen und Gehältern für die Arbeit und Gewinn und Zinsen für das zur Verfügung gestellte (Sach-)Kapital.

- **Strom der Konsumausgaben:** Die Haushalte verwenden das von ihnen erzielte Einkommen für die Deckung ihres Bedarfs, d.h., sie geben es für Konsumgüter aus. Also das, was Sie jeden Monat für Essen, Trinken, Bücher und Ihr Auto ausgeben, zählt zu den Konsumausgaben. Die Konsumausgaben der Haushalte bilden für die Unternehmung wiederum Erlöse.

- **Strom der Konsumgüter:** Den wertgleichen Gegenstrom der Konsumausgaben bildet der Strom der Konsumgüter. Er besteht aus den Sachgütern und Dienstleistungen, die die Haushalte erhalten.

Wirtschaftskreislauf und volkswirtschaftliche Gesamtrechnung

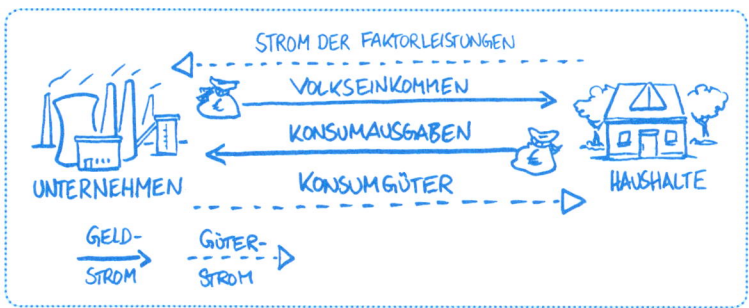

Unser Kreislaufmodell besteht aus zwei Sektoren und aus Güterströmen (Faktorleistungen, Konsumausgaben) und Geldströmen (Volkseinkommen, Konsumausgaben). Da aber die Güterströme wertmäßig den Geldströmen entsprechen, könnten wir doch die Güterströme vernachlässigen und versehen zur Arbeitserleichterung die Sektoren und Ströme mit Symbolen. Also:

Unternehmen = U; Volkseinkommen = Y (Y = Yield = Ertrag)

Haushalte = H; privater Konsum = C_H (C = Consum)

Unser neues Modell:

Das Modell des einfachen Kreislaufs wird in der Fachsprache der Volkswirte als **Modell einer geschlossenen stationären Volkswirtschaft ohne Staat** bezeichnet. „Geschlossen", weil keine Beziehungen zum Ausland bestehen, „stationär", da nicht gespart und investiert wird, und „ohne Staat", da es keinerlei staatliche Aktivitäten gibt. Dies sind die Prämissen, unter denen das Modell gilt.

Modell einer geschlossener evolutorischen Volkswirtschaft ohne Staat

Um den Wirtschaftskreislauf realistischer zu gestalten, müssen wir weitere wichtige wirtschaftliche Aktivitäten in unserem Modell berücksichtigen, d.h. die Prämissen auflösen. Wenn wir die Prämisse stationär auflösen, dann gehen wir davon aus, dass die Haushalte Ersparnisse in Form von Sparbucheinlagen, Aktien, Fonds oder Pfandbriefen bilden. Die gedankliche Zusammenfassung aller Ersparnisse bildet den **Strom der Ersparnisse** der Haushalte, den wir mit dem Symbol „S_H" für savings belegen. Ersparnisse dienen den Banken als Grundlage für die Kreditvergabe an die Unternehmen, die damit Gebäude, Maschinen, Werkzeuge und Geräte anschaffen, also investieren.

Investitionen können in unterschiedlicher Form gebildet werden. Einmal müssen die abgenutzten und verbrauchten Maschinen und Werkzeuge ersetzt werden. Man spricht von **Ersatzinvestitionen**, abgekürzt mit „I^e".

Bei Ersatzinvestitionen wird der Verschleiß an Investitionsgütern in einer Periode ausgeglichen und der Kapitalstock bleibt gleich. Es handelt sich also um einen Strom, der vom Sektor Unternehmen zum Sektor Unternehmen verläuft.

Die Aufwendungen, die in einer Volkswirtschaft durch den Wertverzehr an Investitionsgütern entstehen, bezeichnet man als **Abschreibungen** mit **D** (depreciation). Die Abschreibungen erfassen also die Wertminderungen aller Investitionsgüter in einer Wirtschaftsperiode und sind damit genauso groß wie die Ersatzinvestitionen.

Neben den Ersatzinvestitionen werden in einer wachsenden Volkswirtschaft noch **Neuinvestitionen (I^n)**, auch Nettoinvestitionen genannt, getätigt. Neuinvestitionen erhöhen den Kapitalstock in einer Volkswirtschaft und sind das Kennzeichen einer **evolutorischen Volkswirtschaft**. Auch wenn Sie schon unter der Vielzahl an Fachbegriffen stöhnen, einer gehört unbedingt noch dazu: Bruttoinvestitionen. Die **Bruttoinvestitionen (I^b)** ergeben sich aus der Summe von Neu- und Ersatzinvestitionen. Eine Volkswirtschaft, in der die Haushalte sparen und die Unternehmen investieren, bezeichnet man als Modell einer geschlossenen evolutorischen Volkswirtschaft ohne Staat.

Wirtschaftskreislauf und volkswirtschaftliche Gesamtrechnung

Damit der evolutorische Kreislauf geschlossen ist, erfasst man die Ströme S_H und I^n in dem neuen Sektor **Vermögensveränderung**, abgekürzt VV. Der Vermögensveränderungssektor zeigt, wie viel und in welcher Form Vermögen während einer Wirtschaftsperiode gebildet worden ist. Er ist sozusagen die Registrierkasse in einer Volkswirtschaft.

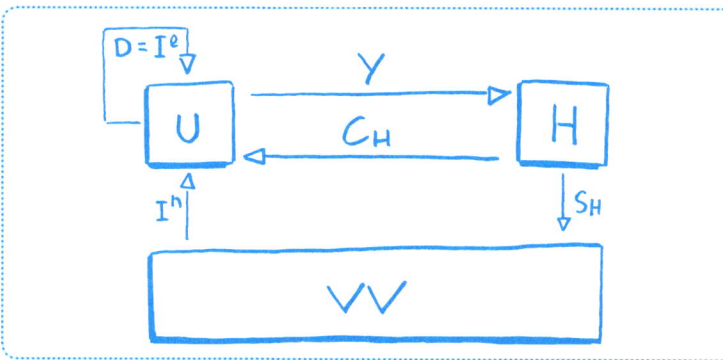

Man kann das Modell auch in Form von Gleichungen darstellen:

$$\text{SEKTOR U}: Y + D = C_H + I^e + I^n$$

$$\text{SEKTOR H}: Y = C_H + S_H$$

$$\text{SEKTOR VV}: S_H = I^n$$

3 Modell einer geschlossenen, evolutorischen Volkswirtschaft mit Staat

Modell einer geschlossenen evolutorischen Volkswirtschaft mit Staat

Wir müssen noch die Annahme, die Wirtschaft sei staatsfrei, auflösen. Dazu wird ein neuer Sektor **Staat**, abgekürzt **St**, aufgenommen. Das Wesen des Sektors Staat im Rahmen der Gesamtwirtschaft liegt in seiner Umverteilungsfunktion im Vergleich zum Sektor Haushalt, der nur konsumiert, und den Unternehmen, die nur produzieren. Der Staat schöpft einen Teil der Kaufkraft ab, die in der Privatwirtschaft entstanden ist, um seinen Aufgaben, wie z.B. Straßenbau, Förderung der Wissenschaften, Verwaltung und Verteidigung, nachzukommen.

Der Sektor Staat entsteht durch die Aggregation der Gebietskörperschaften und der Sozialversicherung. Zu den **Gebietskörperschaften** gehören Bund, Länder, Gemeinden und die von diesen aus den Haushaltmitteln finanzierten Gemeinschaftseinrichtungen, wie z.B. Schulen, Universitäten, Krankenhäuser, Altenheime, Polizei und Bundeswehr. Neben den Gebietskörperschaften zählt zum Sektor Staat noch die gesetzliche **Sozialversicherung** mit der Krankenversicherung, der Rentenversicherung, der Arbeitslosenversicherung und der Pflegeversicherung.

3 Wirtschaftskreislauf und volkswirtschaftliche Gesamtrechnung

Die Umverteilungsfunktion des Sektors Staat bedingt, dass er durch Einnahmen- und Ausgabenströme mit den Sektoren Haushalt und Unternehmen in Verbindung steht.

Zu den **Einnahmenströmen** gehören:

- **Die direkten Steuern T^{dir}**

  Die direkten Steuern werden unmittelbar beim Einkommensempfänger, also beim Haushalt, erhoben. Zu den direkten Steuern rechnet man z.B. die Lohn- bzw. Einkommensteuer oder die Kraftfahrzeugsteuer. Die Beiträge zur Kranken-, Renten-, Pflege- und Arbeitslosenversicherung, also die Sozial-versicherungsbeiträge der Arbeitgeber und Arbeitnehmer, werden im Kreislauf wie direkte Steuern behandelt.

- **Die indirekten Steuern T^{ind}**

  Die indirekten Steuern werden bei den Unternehmen eingezogen. Zu ihnen gehören z.B. die Umsatzsteuer, die verschiedenen Verbrauchssteuern wie Mineralöl-, Tabak- oder Kaffeesteuer, aber auch Zölle. Es handelt sich um indirekte Steuern, da sie in der Regel umgewälzt werden können, d.h., der Steuerpflichtige, der die Steuer ans Finanzamt abführt, und der Steuerträger, der die Steuerlast aus seinem Einkommen letztlich trägt, sind nicht identisch. Sie zahlen beispielsweise beim Tanken Ihre Mineralölsteuer inklusive Umsatzsteuer an den Mineralölkonzern, der diese Einnahmen an das Finanzamt abführt.

Die **Ausgabenströme** bilden:

- **Der staatliche Konsum C_{St}**

  Der staatliche Konsum, auch Staatsverbrauch genannt, entspricht den Aufwendungen des Staates für seine Sachgüter- und Dienstleistungskäufe. Dazu gehören die Ausgaben für Straßen, Flugplätze, Schulen und Hochschulen sowie die Zahlungen für die Löhne der Beamten, Angestellten und Arbeiter im öffentlichen Dienst.

- **Die Übertragungen an die Haushalte Z_H**

  Dieser Strom umfasst vor allem die Zahlungen für Renten und Pensionen, die Arbeitslosenunterstützung, Sozialhilfe, Wohngeld und Kindergeld. Auch das Bafög gehört dazu.

- **Die Übertragungen an die Unternehmen Z_U**

Hier handelt es sich um Zahlungen des Staates in Form von Subventionen an Wirtschaftsbereiche wie Landwirtschaft, Bergbau, Verkehr oder Wohnungswesen. Diese Zahlungen haben das Ziel, die Leistungsbereitschaft in diesen Wirtschaftsbereichen aufrechtzuerhalten, da ihre Produktion meist wegen mangelnder Rentabilität eingestellt werden müsste.

Da die Einnahmen und die Ausgaben des Sektors Staat in den seltensten Fällen übereinstimmen, ist es unbedingt erforderlich, Saldoströme einzuführen. Das ist der Strom der **staatlichen Kredite (Kr_{St})**. Der Staat muss Kredite aufnehmen, wenn seine Ausgaben größer sind als seine Einnahmen. Es könnte auch möglich sein, dass seine Einahmen größer sind als die Ausgaben und er **staatliche Ersparnisse (S_{St})** bildet.

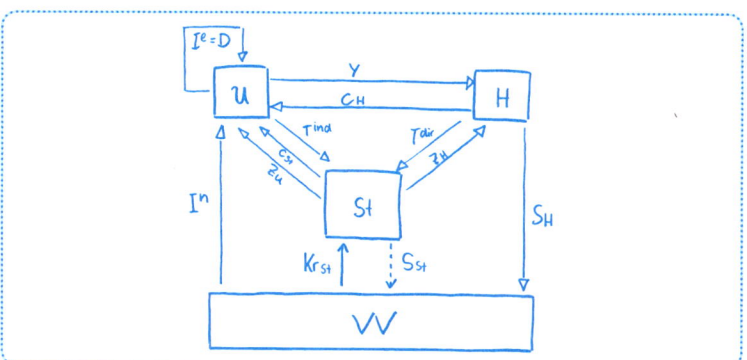

Offene evolutorische Volkswirtschaft mit Staat

Als letzte Prämisse müssen noch die Bedingung geschlossene Wirtschaft aufgelöst und die Beziehungen zum Ausland aufgenommen werden. Der Sektor **Ausland** (**Ausl**), auch übrige Welt genannt, entsteht durch die Aggregation der Länder, mit denen ein Land in wirtschaftlichen Beziehungen steht.

Das Inland, also die Sektoren U, H, St, und die Registrierkasse VV stehen mit dem Ausland (Sektor Ausl) durch Export- und Importströme in Beziehung. **Exporte (X)** oder Ausfuhren sind Verkäufe von Sachgütern und Dienstleistungen an ausländische Wirtschaftssubjekte. **Importe (M)** oder Einfuhren sind Käufe inländischer Wirtschaftssubjekte von ausländischen Wirtschaftssubjekten. Aus Gründen der Vereinfachung bestehen Außenhandelsbeziehungen nur zwischen dem Sektor Ausland und dem Sektor Unternehmen.

Sind die Exporte eines Landes größer als die Importe, so ergibt sich ein postiver **Außenbeitrag (X-M)**, auch Exportüberschuss genannt. Ein Exportüberschuss bedeutet einen Konsumverzicht im Inland, also eine Vermögenszunahme; ein Importüberschuss beruht auf ausländischem Konsumverzicht und bringt eine Vermögensabnahme. Der Vermögensveränderungssektor, der den Außenbeitrag registriert, enthält demnach Inlandsinvestitionen (I^n) und Auslandsinvestitionen (X-M). Durch einen positiven Außenbeitrag (X-M) wird das Vermögen einer Volkswirtschaft erhöht.

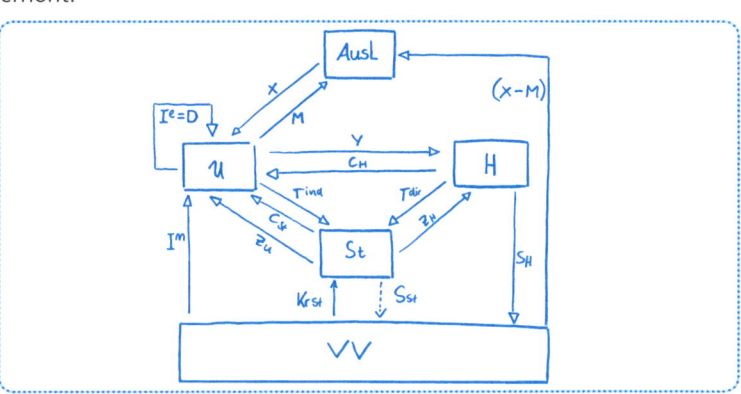

Wirtschaftskreislauf und volkswirtschaftliche Gesamtrechnung 3

> Der Wirtschaftskreislauf besteht aus einer Vielzahl von Fachbegriffen, die man sich einprägen sollte. Darum finden Sie Übungsaufgaben im Anhang und im Internet (A3.1).

Volkswirtschaftliche Gesamtrechnung

Der Wirtschaftskreislauf bildet die Grundlage für die Erfassung wichtiger volkswirtschaftlicher Aktivitäten. Man belegt die Kreislaufströme mit konkreten Zahlen und bezeichnet dieses Rechenwerk als **Volkswirtschaftliche Gesamtrechnung**, abgekürzt mit **VGR**. Die amtlichen Institutionen, die diese Größen ermitteln, sind das Statistische Bundesamt in Wiesbaden und das Statistische Amt der Europäischen Gemeinschaft (Eurostat) in Luxemburg.

Informationen über das Statistische Bundesamt finden Sie unter *www.destatis.de*

Wichtige volkswirtschaftliche Größen sind die gesamtwirtschaftliche Nachfrage bzw. das gesamtwirtschaftliche Angebot und das Bruttoinlandsprodukt.

Gesamtwirtschaftliche Nachfrage

Die volkswirtschaftliche Nachfrage ist die gesamte Kaufkraft, welche die Inländer, also die Sektoren H, U, St, und die Ausländer (Sektor Ausl) in einem bestimmten Zeitraum in einer Volkswirtschaft für den Gütererwerb zu gegebenen Marktpreisen aufzuwenden bereit sind.

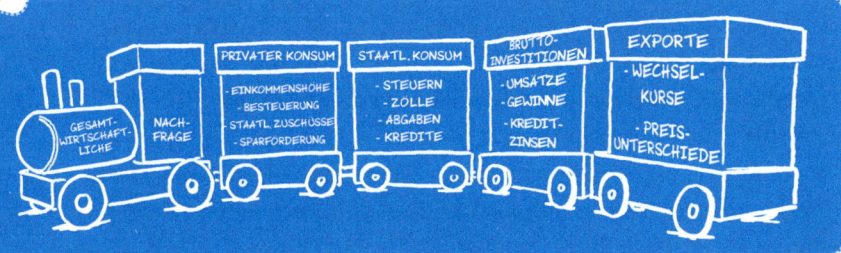

Bei der gesamtwirtschaftlichen Nachfrage kann man noch zwischen der Inlandsnachfrage ($C_H + C_{St} + I^b$) und der Auslandsnachfrage (X) unterscheiden.

$$N_g = C_H + C_{St} + I^b + X$$

Bruttoinlandsprodukt

Eine weitere wichtige gesamtwirtschaftliche Größe ist das **Bruttoinlandsprodukt**, abgekürzt mit **BIP**. Man erhält das BIP, wenn man von der gesamtwirtschaftlichen Nachfrage die Importe abzieht. Diese Subtraktion ist erforderlich, weil die Importe von Sachgütern und Dienstleistungen bereits in anderen Nachfragekomponenten enthalten sind.

Nehmen wir an, Sie haben sich einen Camcorder aus Japan für 250,00 € gekauft. Durch Ihren Kauf haben Sie den privaten Konsum, also die Größe C_H um 250,00 € erhöht. Allerdings wurde der Camcorder in Japan hergestellt und von dort importiert, d.h., er erhöht die gesamtwirtschaftliche Größe M ebenfalls um einen Betrag von 250,00 €. Um eine Doppelzählung zu vermeiden, zieht man die Importe von den Exporten ab und die Größe (X – M) bezeichnet man – wie bekannt – als Außenbeitrag. Durch die Subtraktion der Importe erhält man das BIP, also die Gütermenge, die in einem Land erzeugt wurde.

Das **Bruttoinlandsprodukt** ist die Summe aller Sachgüter und Dienstleistungen, die in einer Volkswirtschaft innerhalb eines Zeitraums (Jahr), ausgedrückt in Geldwerten, erzeugt wird. Es berechnet sich wie folgt:

$$BIP = C_H + C_{St} + I^b + X - M$$

Das Bruttoinlandsprodukt ist eine volkswirtschaftliche Schlüsselgröße, deren Entwicklung in der gesellschaftlichen Öffentlichkeit große Aufmerksamkeit erfährt und deren Zuwachsraten das ökonomische Schicksal eines Landes widerspiegeln.

Aktuelle Zahlen über das BIP finden Sie unter *www.bmbf.de*

Gesamtwirtschaftliches Angebot

Das gesamtwirtschaftliche Angebot (A_g) setzt sich aus den Gütermengen zusammen, welche die Anbieter des Inlands (Sektor U) und des Auslands (Sektor Ausl) auf den Märkten einer Volkswirtschaft zu Marktpreisen in einer Periode anbieten.

Der größte Teil des volkswirtschaftlichen Angebots entsteht durch die Kombination der Produktionsfaktoren im Sektor Unternehmen. Die Summe dieser Güter, die in einer Periode in einer Volkswirtschaft hergestellt werden, bezeichnet man als **Produktionswert (PW)**. Er setzt sich aus dem Wert der Verkäufe von Waren und Dienstleistungen, aus dem Wert der Bestandsveränderungen an Halb- und Fertigerzeugnissen und aus dem Wert der selbst erstellten Anlagen zusammen. Alle diese Sachgüter und Dienstleistungen werden zunächst zu ihren Herstellungskosten bewertet, d.h., die Umsatzsteuer fehlt.

Der Produktionswert zu Herstellkosten enthält die **Vorleistungen (V)**, die abgezogen werden müssen. Vorleistungen sind alle von Unternehmen an andere Unternehmen gelieferten Güter, die während der erfassten Periode in den Produktionsprozess eingehen. Zu den Vorleistungen zählen beispielsweise Rohstoffe, Halberzeugnisse oder Reparaturen. Nicht zu den Vorleistungen gehört der Verschleiß des Kapitalstocks, der durch die Abschreibungen erfasst wird. Subtrahiert man vom Produktionswert die Vorleistungen, so erhält man die **Bruttowertschöpfung (BWS)**.

3 Gesamtwirtschaftliches Angebot

Die Definition der Bruttowertschöpfung lautet demnach: Die **Bruttowertschöpfung** ergibt sich aus dem Gesamtwert der im Produktionsprozess erzeugten Sachgüter und Dienstleistungen abzüglich der im Produktionsprozess verbrauchten, verarbeiteten oder umgewandelten Güter, den Vorleistungen.

Wie bereits erwähnt, werden bei der Erfassung des Produktionswerts alle erzeugten Güter mit ihren Herstellungskosten bewertet und addiert. Indirekte Steuern, die die Preise der Güter erhöhen und Subventionszahlungen, die sie senken, werden nicht berücksichtigt. Addiert man zur Bruttowertschöpfung die **Gütersteuern (T^{ind})** und subtrahiert die **Gütersubventionen (Z_U)**, so erhält man ebenfalls unser Bruttoinlandsprodukt zu Marktpreisen.

Den grundlegenden Zusammenhang wichtiger volkswirtschaftlicher Größen verdeutlicht die folgende Darstellung:

3 Entstehungs-, Verwendungs- und Verteilungsrechnung

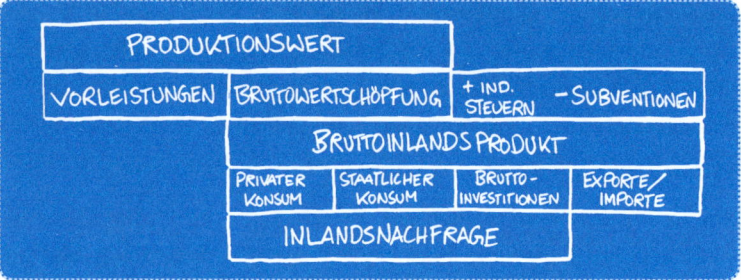

Entstehungs-, Verwendungs- und Verteilungsrechnung

Der „Güterberg", der während eines Jahres in Deutschland produziert wird, kann von drei verschiedenen Blickwinkeln aus betrachtet werden.

Auf die Frage, wo die Leistung entstanden ist, gibt die Entstehungsrechnung eine Antwort. Sie beschäftigt sich mit dem Beitrag der einzelnen Wirtschaftsbereiche zum gesamtwirtschaftlichen Ergebnis. Zu diesen Wirtschaftsbereichen gehören:

Wirtschaftskreislauf und volkswirtschaftliche Gesamtrechnung 3

Informationen über die Bedeutung der Wirtschaftsbereiche finden Sie unter *www.destatis.de,* hier VGR-Tabellen anklicken.

Geht man der Frage nach der Verwendung nach, so erhält man die **Verwendungsrechnung**. Wie bereits bekannt, kann das Bruttoinlandsprodukt verwendet werden für:

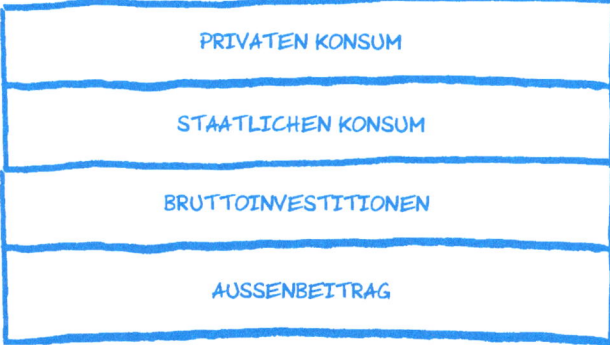

Versucht man, eine Antwort auf die Frage zu geben, wie das BIP verteilt wurde, so erhält man die **Verteilungsrechnung**. Sie gibt Auskunft darüber, wie das bei der Erarbeitung der gesamtwirtschaftlichen Leistung entstandene Einkommen verteilt wurde. Wichtige Komponenten der Verteilungsrechnung sind:

3 Entstehungs-, Verwendungs- und Verteilungsrechnung

ARBEITNEHMERENTGELTE

UNTERNEHMENS- UND VERMÖGENSEINKOMMEN

Eine vertiefende Aufgabe zur Entstehungs-, Verwendungs- und Verteilungsrechnung finden Sie im Anhang (A3.2).

MODELLE	SEKTOREN	STRÖME
GESCHLOSSENE, STATIONÄRE VOLKSWIRTSCHAFT OHNE STAAT (EINFACHER KREISLAUF)	U, H	Y, C_H
GESCHLOSSENE, EVOLUTORISCHE VOLKSWIRTSCHAFT OHNE STAAT	U, H, VV	Y, C_H S_H, I^n, I^e, D, I^{br}
GESCHLOSSENE, EVOLUTORISCHE VOLKSWIRTSCHAFT MIT STAAT	U, H, VV, St	$Y, C_H, S_H, I^n, I^e, D, I^{br}$ $T^{dir}, T^{ind}, C_{St}, Z_U, Z_H$
OFFENE, EVOLUTORISCHE VOLKSWIRTSCHAFT MIT STAAT	U, H, VV, St Ausl.	$Y, C_H, S_H, I^n, I^e, D, I^{br}$ $T^{dir}, T^{ind}, C_{St}, Z_U, Z_H$ $X, M, (X-M)$

Aus dem Kreislaufmodell werden gesamtwirtschaftliche Größen entwickelt wie z.B. die gesamtwirtschaftliche Nachfrage, das Bruttoinlandsprodukt, das gesamtwirtschaftliche Angebot mit den Fachbegriffen Produktionswert, Vorleistungen und Bruttowertschöpfung. Durch unterschiedliche Sichtweisen auf das Bruttoinlandsprodukt ergeben sich die Entstehungs-, Verwendungs- und Verteilungsrechnung.

Ludwig Erhard und sein Wunder

4

Soziale Marktwirtschaft und ihre Ziele

Ludwig Erhard und sein Wunder

Ludwig Erhard hatte ein bewegtes Leben. 1897 in Fürth geboren, studierte er nach einer kaufmännischen Lehre Wirtschaftswissenschaften in Nürnberg. 1945 wird er Berater der amerikanischen Besatzungsbehörde und leitet die Währungsreform in Westdeutschland. Unter Konrad Adenauer ist er Wirtschaftsminister und von 1963 bis 1966 Bundeskanzler der Bundesrepublik Deutschland. Sein Hauptwerk trägt den Titel „Wohlstand für alle". Er rauchte täglich zwischen 15 und 20 Zigarren und starb 1977 mit 80 Jahren.

Wirtschaftsordnung und Wirtschaftssystem

Ludwig Erhard wollte mit seiner wissenschaftlichen und politischen Tätigkeit die Volkswirtschaft in Westdeutschland so organisieren, dass sie allen Bürgern einen materiellen Wohlstand ermöglicht. Er beschäftigte sich darum ausführlich mit der Frage, welche Wirtschaftsordnung für Westdeutschland am besten ist.

Unter **Wirtschaftsordnung** versteht man die Gesamtheit der Regeln, die für den Aufbau und den Ablauf des volkswirtschaftlichen Koordinationsprozesses tatsächlich gelten. Es handelt sich um die konkrete Ausgestaltung der Wirtschaft durch Gesetze und Verordnungen, durch Organisationen, Institutionen, aber auch durch die Verhaltensweisen der Menschen. Die Wirtschaftsordnung ist ein wichtiger Teil der Gesellschaftsordnung.

Grundlage einer jeden Wirtschaftsordnung sind jedoch theoretische Überlegungen, wobei der Frage nachgegangen wird, wie die Produktionsentscheidungen der Unternehmen und die Konsumentscheidungen der Haushalte am besten zu koordinieren sind. Solche gedanklichen Ordnungsmodelle, die den prinzipiellen Lenkungsmechanismus und die wichtigsten Strukturmerkmale in einer Volkswirtschaft kennzeichnen, bezeichnet man als **Wirtschaftssysteme**.

Das Wirtschaftssystem als grundlegendes Organisationsmodell einer Volkswirtschaft beruht wiederum auf bestimmten Ordnungselementen:

Ein wesentliches Gestaltungselement einer Volkswirtschaft sind die **Eigentumsverhältnisse**. Ökonomisch stellt Eigentum das ausschließliche Recht einer Person an einem Wirtschaftsgut dar, d.h. die Möglichkeit, es zu verkaufen, zu verleihen oder zu verschenken. Grundsätzlich kann ein Gut einem einzelnen Wirtschaftssubjekt gehören, dann liegt Privateigentum vor, oder es gehört allen Wirtschaftssubjekten zusammen, dann spricht man von Gemeineigentum, auch **Kollektiveigentum** genannt.

Wer gesichert über sein Eigentum verfügen will, braucht den Schutz durch rechtliche Rahmenbedingungen, d.h., die **Vertragsverhältnisse** müssen geregelt sein. Gilt der Grundsatz der Vertragsfreiheit, so hat jedermann das Recht, über seine Güter nach freiem Ermessen zu verfügen und Verträge abzuschließen. Prinzipiell besteht noch die Möglichkeit der teilweisen oder totalen Einschränkung der Vertragsfreiheit, d.h., es gibt genaue Vorschriften, mit wem ein Vertrag abzuschließen ist und welchen Inhalt dieser hat.

Soziale Marktwirtschaft und ihre Ziele 4

Die verschiedenen Formen von Eigentums- und Vertragsverhältnissen erzwingen unterschiedliche **Koordinationsmechanismen** zwischen Produktion und Konsum. Entweder erfolgt die Abstimmung zwischen Angebot und Nachfrage am **Markt** (über den uns bereits bekannten Mechanismus des Preises) oder durch die Festsetzung einer Zentralbehörde in Form eines Plans. Beim Koordinationsmechanismus des Plans muss die Zentralbehörde Freiheitsrechte unterbinden und die Produktionsmengen der Unternehmen und die Konsumanteile der Haushalte festlegen.

Die Alternativen Markt oder Plan haben noch für weitere Bereiche der Volkswirtschaft Konsequenzen.

Bei der **Preisbildung** auf den Märkten können sich die Preise frei nach Angebot und Nachfrage entwickeln. Beim Koordinationsmechanismus des Plans werden sie von der Zentralbehörde in Form von Festpreisen genau vorgeschrieben.

Die **Lohnbildung** am Arbeitsmarkt ermöglicht das freie Aushandeln des Arbeitsentgelts von Arbeitnehmern und Arbeitgebern. Im anderen Fall kann die Lohnhöhe von einer Zentralbehörde festgelegt werden.

4 Wirtschaftsordnung und Wirtschaftssystem

Fasst man gleichartige Ordnungselemente zusammen, so kommt man zu Ordnungsmodellen, wobei zwei prinzipielle Wirtschaftssysteme zu unterscheiden sind. Werden die einzelnen Pläne der Wirtschaftssubjekte von einer Planbehörde aus abgestimmt, liegt ein zentral gesteuertes Wirtschaftssystem vor, auch **Zentralverwaltungswirtschaft** genannt. Ihr Grundsatz lautet: Einer (die Zentrale) plant alles.

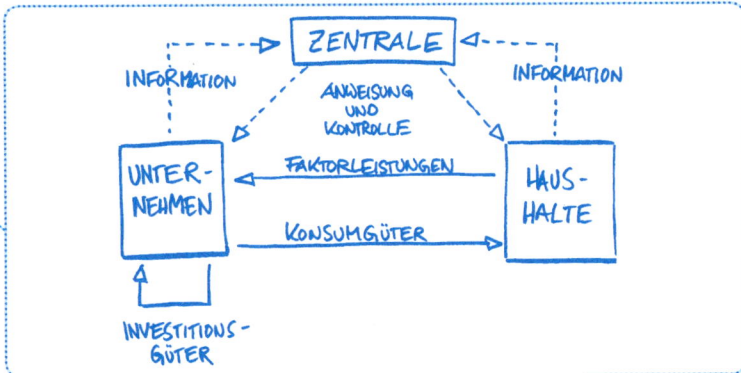

Werden die Einzelpläne von Unternehmen und Haushalten über die Märkte und den Preismechanismus koordiniert, so spricht man von einem dezentral gesteuerten Wirtschaftssystem, auch **freie Marktwirtschaft** genannt. Ihr Grundsatz lautet: Alle planen jeweils für sich. Die Unternehmen planen selbstständig ihre Produktion und die privaten Haushalte ihren Verbrauch. Die Information, wie viel produziert werden soll und was verbraucht werden kann, erfolgt über den Preis am Markt. Der Markt fungiert hier nicht nur als Informationssystem, sondern auch als Sanktionssystem, da über den Preismechanismus die Produktion und der Konsum angeregt bzw. gedrosselt werden.

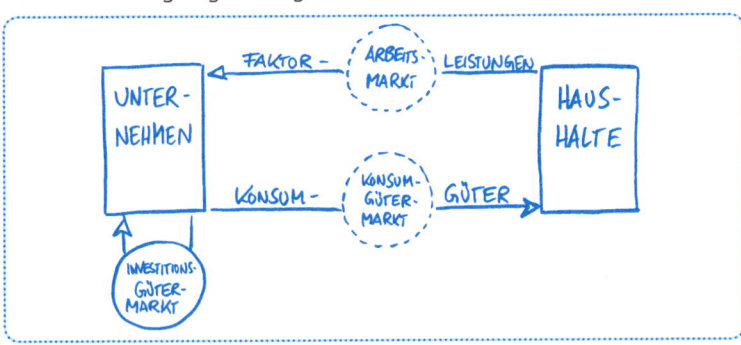

Beim Ordnungsmodell der **freien Marktwirtschaft** handelt es sich um ein sich selbst steuerndes System, bei dem zwischen den Plänen einzelner Wirtschaftssubjekte ein Mengenausgleich von Angebot und Nachfrage über flexible Preise am Markt erfolgt.

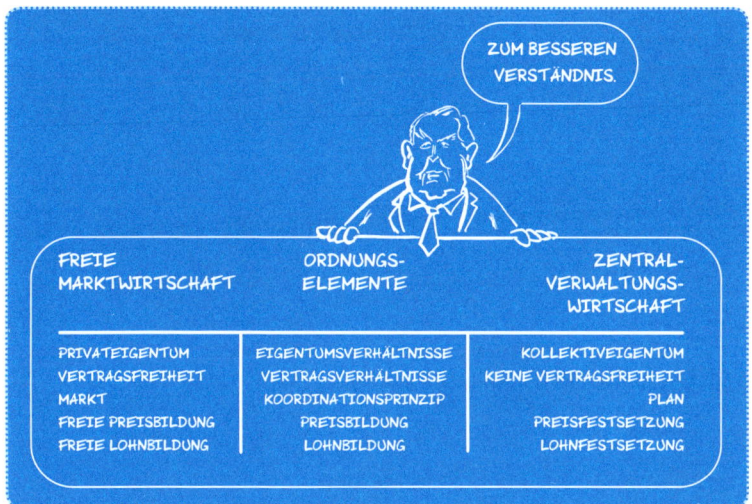

Die freie Marktwirtschaft

Das Modell der freien Marktwirtschaft hat sich in den meisten Ländern der Erde als theoretische Grundlage für die realen Wirtschaftsordnungen durchgesetzt, da es viele Vorteile hat. Die uneingeschränkte Freiheit der einzelnen Wirtschaftssubjekte fördert deren Egoismus als stärkste Triebkraft des menschlichen Handelns. Das Streben nach Wohlstand, Reichtum und Unabhängigkeit fördert eine erhöhte Leistungsbereitschaft aller und sichert infolgedessen die Gesamtversorgung der Bevölkerung.

Funktionierende Märkte führen dazu, dass dynamische und innovative Unternehmer ihr Gewinnstreben besonders gut verwirklichen können, wenn sie Marktlücken aufspüren, Produkte verbessern und kostensparende Produktionsverfahren entwickeln. Der technische Fortschritt findet damit in diesem System besonders günstige Rahmenbedingungen. Darüber hinaus müssen die Unternehmen bei sinkenden Preisen ihre

Produktion drosseln und auf andere Produkte umstellen. Falls die Produzenten die veränderte Marktlage nicht erkennen, geraten sie in die Verlustzone und werden vom Markt verdrängt. Die freie Marktwirtschaft sorgt für Auslese.

Wo Vorteile sind, gibt es auch Nachteile:

Ein wesentlicher Nachteil der freien Marktwirtschaft besteht darin, dass der Selbststeuerungsmechanismus des Preises nur begrenzt funktioniert. Er funktioniert nur bei privaten Gütern und nicht bei **öffentlichen Gütern** wie z.B. Bildung, Verwaltungsleistungen, innere und äußere Sicherheit. Dasselbe gilt auch für andere Bedürfnisse des Menschen, wie Ruhe, Erholung oder eine gesunde Umwelt.

Soziale Marktwirtschaft und ihre Ziele 4

Dass ein sich selbst überlassener Markt nicht in allen Situationen zu einem sinnvollen Ergebnis führt, kann auch an den **externen Effekten** belegt werden. Unter externen Effekten versteht man die Auswirkungen ökonomischen Handelns auf die Wohlfahrt unbeteiligter Dritter. Ein negativer externer Effekt ist z.B. die Umweltverschmutzung durch den Straßenverkehr, der die Gesundheit der Anlieger schädigt. Negative externe Effekte verursachen **externe Kosten**, auch soziale Kosten genannt, die nicht der Verursacher, sondern die Gesellschaft trägt. Der Eingriff des Staates besteht darin, dass er Auflagen macht (z.B. Rußfilter), den Verursacher finanziell belastet (z.B. Kfz-Steuer) oder den Handel mit Emissionsrechten ermöglicht.

Ausführliche Informationen über öffentliche Güter und externe Effekte finden Sie im Internet.

Ein weiterer Nachteil der freien Marktwirtschaft besteht darin, dass durch eine geschickte Werbung die Kaufkraft auf Güter gelenkt werden kann, die nur dem Prestige- und Geltungsbedürfnis der Menschen dienen. Damit entsteht eine Konsumgesellschaft, die nach der These lebt: Man kauft das, was man nicht braucht, mit dem Geld, das man nicht hat, um dem zu imponieren, den man nicht mag. Die Folge dieses unkontrollierten Konsums um des Konsums willen, auch **Prestigekonsum** genannt, ist ein zunehmender Ressourcenverbrauch, der die kommenden Generationen belastet.

4 Die soziale Marktwirtschaft

Einer der wichtigsten Nachteile einer freien Marktwirtschaft ist die unsoziale Güterverteilung. Der Preismechanismus führt nämlich dazu, dass sich immer der etwas kaufen kann, der über die erforderliche Kaufkraft verfügt. Ein extremes Beispiel: In einer freien Marktwirtschaft ist es denkbar, dass sich die Reichen Milch für ihre Katzen leisten können, während die Armen keine Milch für ihre Kinder kaufen können. Der Markt ist mit seinem Mechanismus sozial blind.

Die soziale Marktwirtschaft

Die Wirtschaftsordnung der sozialen Marktwirtschaft ist ein Mischsystem, das schwerpunktmäßig aus den Ordnungselementen des Wirtschaftssystems der freien Marktwirtschaft besteht und in Teilbereichen durch Elemente der Zentralverwaltungswirtschaft ergänzt wird.

Das Wesen der sozialen Marktwirtschaft hat Alfred Müller-Armack, ein Professorenkollege und Mitstreiter von Ludwig Erhard, wie folgt beschrieben.

> „Die **soziale Marktwirtschaft** versucht, das Prinzip der Freiheit auf dem Markt mit dem des sozialen Ausgleichs zu verbinden. Ihr primäres Koordinationsprinzip soll der Wettbewerb sein."
> *(Müller-Armack, A.: Soziale Marktwirtschaft, in: Handwörterbuch der Sozialwissenschaften, Band 9, S. 39)*

Bei der sozialen Marktwirtschaft werden die Ordnungselemente der freien Marktwirtschaft durch staatliche Gesetze und Regelungen beschränkt, um einseitige Machtpositionen zu verhindern. Die Ordnungselemente unterliegen in der Bundesrepublik Deutschland folgenden Begrenzungen:

Das **Privateigentum** wird zum Wohle der Allgemeinheit aus verschiedenen Gründen eingeschränkt. Damit z.B. das Eigentum an Produktionsmitteln nicht zur vollständigen Herrschaft der Arbeitgeber über die Arbeitnehmer führt, werden den Arbeitnehmern demokratische Mitwirkungsrechte in Form von Mitbestimmungsregelungen in den Betrieben gewährt.

Grundsätzlich haben die privaten Unternehmen das Eigentum an den Produktionsmitteln. In Fällen, in denen die private Wirtschaft bzw. der Marktmechanismus die erforderlichen Leistungen nicht oder nur unzureichend erbringt, übernimmt der Staat die Güterproduktion, wie z.B. im Gesundheits- und Bildungswesen. Darüber hinaus gewährleistet das Grundgesetz der Bundesrepublik Deutschland zwar in Art. 14 GG das Privateigentum, betont aber auch seine **Sozialgebundenheit**. Der Staat begrenzt im öffentlichen Interesse das Eigentum durch eine Reihe von Vorschriften, wie z.B. Regelungen der Baugestaltung, der Grenzabstände und des Wasserrechts oder Umweltauflagen.

Auch die **Vertragsfreiheit** unterliegt Einschränkungen. Um negative Auswüchse in Verbraucherverträgen, Wohnungsmietverträgen oder Arbeitsverträgen zu vermeiden, wurden begrenzende rechtliche Regelungen geschaffen. Schutzbestimmungen, wie z.B. die Preisangabenverordnung, Mieterschutzregelungen wie der Kündigungsschutz, aber auch Arbeitsschutzgesetze, wie Arbeitszeit-, Mindesturlaubs- und Kündigungsregelungen, sollen einen Missbrauch verhindern. Ebenso existieren für die Niederlassungs- und Gewerbefreiheit viele Einschränkungen.

Für die Einschränkung der freien **Preisbildung** durch den Staat gibt es ebenfalls mehrere Möglichkeiten. Zum einen lenkt der Staat z.B. auf den Teilmärkten des Verkehrswesens (Straßen- und Schienennetz) und des Versorgungswesens (Abwasser, Müll) das Güterangebot und legt die Preise fest. Zum anderen achtet er darauf, dass keine Machtkonzentrationen in Form von Monopolen und Oligopolen, die den Wettbewerb behindern, entstehen.

Der Zusammenschluss marktbeherrschender Unternehmen wird durch die **Fusionskontrolle** verhindert, die unfaire Ausübung von Marktmacht durch Preis- oder Regionalabsprachen zwischen Unternehmen unterbindet das **Kartellverbot**. Rechtliche Grundlagen sind das „Gesetz gegen Wettbewerbsbeschränkungen", dessen Einhaltung das Bundeskartellamt überwacht, sowie Regelungen des europäischen Rechts, die die Wettbewerbsdirektion der EU-Kommission anwendet.

4 Soziale Marktwirtschaft und ihre Ziele

Die genauen Bestimmungen des Gesetzes gegen Wettbewerbsbeschränkungen finden Sie unter
www.gesetze-im-internet.de/gwb/index.html

Auch der Mechanismus der freien **Lohnbildung** muss sozial gestaltet werden. Stellen Sie sich vor, auf dem Arbeitsmarkt gelten die Marktregeln, d.h. bei einem steigenden Arbeitskräfteangebot und gleich bleibender Nachfrage durch die Unternehmer müsste der Lohn sinken. Die Folge: Je mehr Arbeitskräfte es gibt, desto geringer wird ihr Lohn und sie geraten an den Rand ihrer Existenz. **Ferdinand Lassalle**, ein Führer der deutschen Arbeitsbewegung, hat diesen Zusammenhang einmal als das **„eherne ökonomische Gesetz"** bezeichnet.

Um die negativen Folgen der freien Lohnbildung zu mindern, gibt es in der sozialen Marktwirtschaft die **Tarifautonomie**. Arbeitgeber und Gewerkschaften haben die Möglichkeit, Tariflöhne zu vereinbaren. In bestimmten Branchen ist im Rahmen des Arbeitnehmer-Entsendegesetzes ein deutschlandweiter Mindestlohn eingeführt worden (Bauhauptgewerbe, Dachdecker-, Maler- und Lackierhandwerk, Gebäudereinigung).

Der Staat selbst beeinflusst die (Netto-)Lohnhöhe vor allem über das **Einkommensteuergesetz** mit dem Ziel, den mittleren und höheren Einkommensschichten Kaufkraft zu entziehen, um sie den niedrigen Einkommensschichten zur Verfügung zu stellen. Kindergeld, Ausbildungsförderung, Arbeitslosengeld oder die Sparförderung dienen ebenfalls der sozialen Umverteilung.

4 Ziele der sozialen Marktwirtschaft

Ziele der sozialen Marktwirtschaft

Die soziale Marktwirtschaft wurde zum Vorbild für viele Wirtschaftsordnungen zunächst in der westlichen Welt und später auch im ehemaligen Ostblock. Einer der Gründe, warum sich dieses Erfolgsmodell durchgesetzt hat, ist die Tatsache, dass sich die gesellschaftlichen Grundwerte, also Freiheit, Frieden, Sicherheit, Gerechtigkeit und vor allem Wohlstand, mit dieser Wirtschaftsordnung am besten erreichen lassen. Aus den gesellschaftlichen Grundwerten können die vier wirtschaftlichen Ziele, nämlich Preisniveaustabilität, hoher Beschäftigungsstand, Wirtschaftswachstum und außenwirtschaftliches Gleichgewicht, abgeleitet werden. Sie sind im „Stabilitäts- und Wachstumsgesetz", kurz **Stabilitätsgesetz**, von 1967 niedergeschrieben.

Das Ziel **Preisniveaustabilität** bedeutet nicht, dass die Preise der einzelnen Sachgüter und Dienstleistungen konstant bleiben müssen, sondern dass sich der Durchschnitt der Preise nicht ändern soll. Wir wissen, dass eine marktwirtschaftliche Ordnung einen Ausgleich von Angebot und Nachfrage über den Preis geradezu fordert. Preissteigerungen einzelner Güter sollten durch Preissenkungen anderer Güter ausgeglichen werden, so dass das Preisniveau insgesamt gleich bleibt.

4 Soziale Marktwirtschaft und ihre Ziele

Kommt es in einer Volkswirtschaft zu Preisniveausteigerungen, so bedeutet dies die Ausdehnung der Geldmenge gegenüber der Gütermenge und man bezeichnet dies als **Inflation**. In dieser Situation werden die Bezieher fester oder nur langsam steigender Einkommen benachteiligt, da sie für ihr Geld einen immer geringer werdenden Gegenwert an Gütern erhalten. Die Arbeitnehmer sind normalerweise erst nach Ablauf des Tarifvertrags, der meist eine Laufzeit von ein bis zwei Jahren hat, in der Lage, Einkommenserhöhungen durchzusetzen. In der gleichen Situation befinden sich auch Rentner, Pensionäre, Sozialhilfeempfänger und Sparer und damit ein großer Teil der Bevölkerung.

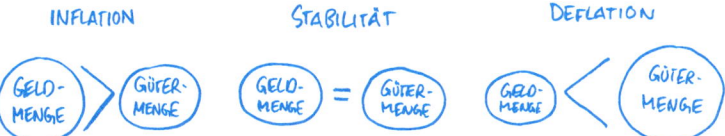

Bei einer deflationären Entwicklung, also Geldwertsteigerungen, ergeben sich umgekehrte Prozesse. Gläubiger wie die Sparer, die Kreditgeber, z.B. Banken, und die Bezieher fester Einkommen sind bevorzugt. Extreme Veränderungen des Geldwerts lösen in der Bevölkerung unerwünschte Prozesse aus: So neigt man bei einer Inflation zu einer Flucht in Sachwerte und bei einer **Deflation** zu einer Flucht in Geldwerte.

Die Messung der Preisveränderungen in einer Volkswirtschaft erfolgt durch Indexziffern, die zeitliche und örtliche Vergleiche ermöglichen. Der Preisindex wird anhand eines sogenannten Warenkorbs ermittelt. Hierzu werden bestimmte Güter ausgewählt, ihr Wert wird festgehalten und die Preisveränderungen werden im Zeitablauf registriert. Für die Bundesrepublik Deutschland berechnet das Statistische Bundesamt in Wiesbaden monatlich einen **Warenkorb** für rund 750 Waren, hinter denen 400 000 Einzelpreise in fast 200 Gemeinden stehen. Der daraus errechnete deutsche **Verbraucherpreisindex** (VPI) misst die durchschnittliche Preisveränderung aller Waren und Dienstleistungen, die von privaten Haushalten für Konsumzwecke gekauft werden.

Die aktuellen Zahlen zur Entwicklung des Verbraucherpreisindex gibt es unter *www.destatis.de*

Unter dem Ziel hoher **Beschäftigungsstand**, auch als Vollbeschäftigung bezeichnet, versteht man die Situation, in der möglichst viele Menschen eine Arbeit haben, also Arbeitslosigkeit vermieden oder abgebaut wird. Arbeitslosigkeit beeinflusst nicht nur den einzelnen, sondern auch das familiäre Umfeld und die Gesellschaft als Ganzes.

Für den Betroffenen bedeutet Arbeitslosigkeit nicht nur finanzielle Einbußen, sondern oft zunehmende Beziehungsprobleme verbunden mit Qualifikationsverlust und beruflichem Abstieg. Für den Staat bedeutet

Arbeitslosigkeit zusätzliche Ausgaben für Arbeitslosengeld bzw. Arbeitslosenhilfe und Einnahmenausfälle vor allem bei Steuern und Sozialversicherungsbeiträgen, also eine Erhöhung des Staatsdefizits.

Bei der Arbeitslosigkeit können verschiedene Arten entsprechend ihrer Ursachen unterschieden werden:

- Die **friktionelle Arbeitslosigkeit** entsteht im Zusammenhang mit dem zwischenbetrieblichen Arbeitgeberwechsel bzw. mit der Arbeitsplatzsuche nach Abschluss einer Ausbildung. Sie dauert meist nur wenige Wochen.

- Die **saisonale Arbeitslosigkeit** ergibt sich aus jahreszeitlichen, meist witterungsbedingten Schwankungen der Produktion bzw. der Nachfrage nach bestimmten Gütern. Sie ist ihrem Wesen nach nur begrenzt vermeidbar.

- Die **strukturelle Arbeitslosigkeit** bildet sich, wenn die Nachfrage oder das Angebot an Arbeitskräften örtlich, zeitlich oder im Hinblick auf die Qualifikationsstruktur nicht zusammenpassen. Strukturelle Arbeitslosigkeit ist darum immer durch einen sogenannten Mismatch bedingt, wobei zwischen qualifikationsbedingtem und regionalem Mismatch unterschieden wird. Ein Mismatch besteht auch, wenn eine Differenz zwischen Lohnanspruch und Lohnangebot existiert.

- Die **konjunkturelle Arbeitslosigkeit** beruht auf den Konjunkturschwankungen, wobei in der Depression (Rezession) Arbeitskräfte entlassen werden, die man im wirtschaftlichen Aufschwung meist wieder einstellt.

Die Messung der Höhe der Arbeitslosigkeit erfolgt durch die **Arbeitslosenquote**. Arbeitslos im Sinne der amtlichen Statistik ist in der Bundesrepublik Deutschland ein Arbeitnehmer, der vorübergehend nicht in einem Beschäftigungsverhältnis steht oder nur eine geringfügige Beschäftigung ausübt und sich persönlich bei der Agentur für Arbeit als Arbeitsuchender gemeldet hat.

$$\text{ARBEITSLOSENQUOTE} = \frac{\text{REGISTRIERTE ARBEITSLOSE} \times 1000}{\text{BESCHÄFTIGTE ARBEITNEHMER} + \text{REGISTRIERTE ARBEITSLOSE}}$$

Ein hoher Beschäftigungsstand ist erreicht, wenn ein möglichst hoher Prozentsatz der vorhandenen Arbeitskräfte beschäftigt ist bzw. die Arbeitslosenquote möglichst niedrig ist. Außerdem werden häufig noch weitere Daten zur Beurteilung der Situation auf dem Arbeitsmarkt hinzugezogen: Anzahl der offenen Stellen, Zahl der Langzeitarbeitslosen, Zahl der arbeitslosen Jugendlichen usw.

Ausführliche Informationen zum Thema Arbeitsmarkt bietet Ihnen die Bundesagentur für Arbeit unter *www.pub.arbeitsagentur.de*

Das Ziel eines **stetigen und angemessenen Wirtschaftswachstums** wird verfolgt, weil Wachstum eine Zunahme der Güterproduktion bedeutet und damit hilft, Arbeitsplätze zu sichern. Zunehmende Beschäftigung ermöglicht ein höheres Einkommen und in der Folge einen gleich bleibenden bzw. steigenden Lebensstandard. Der materielle Wohlstand war und ist für viele Menschen Grundlage ihrer persönlichen Entfaltung. Zudem kann der Staat strukturelle Probleme lösen, die soziale Sicherheit aufrechterhalten und sogar Entwicklungshilfe zahlen. Steigende Gewinne ermöglichen es den Unternehmen, Investitionen zu tätigen und sich so dem nationalen und internationalen Wettbewerb anzupassen.

Soziale Marktwirtschaft und ihre Ziele 4

Grundlage für die Berechnung des Wirtschaftswachstums ist das uns bereits ausführlich bekannte Bruttoinlandsprodukt. Ein Problem bei der Ermittlung des BIP muss allerdings noch erwähnt werden. Steigen die Preise in einem Jahr stark an, nimmt das **Bruttoinlandsprodukt** zu, obwohl vielleicht die Sachgüter- und Dienstleistungsproduktion gleich geblieben oder sogar gesunken ist. Man muss also zwischen dem nominalen und dem realen preisbereinigten BIP unterscheiden.

Zahlen über die Entwicklung des BIP gibt es auf der Webseite unter *www.indexmundi.com.de*

Unter **Wirtschaftswachstum** versteht man die Veränderung des realen, also des um die Inflationsrate korrigierten Bruttoinlandsprodukts. Die prozentuale Zu- oder Abnahme der Produktion von Sachgütern und Dienstleistungen in einer Periode, z.B. einem Jahr gegenüber dem Vorjahr, bezeichnet man als Wachstumsrate.

$$\text{WACHSTUMSRATE} = \frac{\text{VERÄNDERUNG DES REALEN BRUTTOINLANDSPRODUKTS}}{\text{REALES BRUTTOINLANDSPRODUKT (DES VORJAHRES)}}$$

Das **Bruttoinlandsprodukt** ist eine der wichtigsten Größen zur Beurteilung der Wirtschaftsentwicklung eines Landes. Wie jede statistische Zahl, die das Ergebnis von Umfragen, Teilerhebungen, wissenschaftlichen Abgrenzungen usw. ist, weist auch das Bruttoinlandsprodukt einige Unzulänglichkeiten auf:

Für einen Teil der erzeugten Güter gibt es keine Marktpreise, wie z.B. bei den Leistungen der staatlichen Behörden. Diese Leistungen werden zu den Herstellungskosten in das Bruttoinlandsprodukt aufgenommen. Die Preise für Heiratsurkunden oder Kfz-Zulassungen beispielsweise bilden sich nicht am Markt.

Darüber hinaus sind eine Vielzahl von Tätigkeiten im Bruttoinlandsprodukt überhaupt nicht berücksichtigt, z.B. die Leistungen der Hausfrauen, der mithelfenden Kinder oder die sogenannte **Schattenwirtschaft** (Schwarzarbeit). Auch die Umweltzerstörung hat keinen Preis. Zudem besteht die paradoxe Situation, dass die Zerstörung von Werten zu einem steigenden BIP führen kann.

Soziale Marktwirtschaft und ihre Ziele 4

Das Bruttoinlandsprodukt für sich betrachtet lässt keine Aussagen über seine Verteilung, also über den Wohlstand breiter Bevölkerungsschichten, zu.

Die Zielsetzung **außenwirtschaftliches Gleichgewicht** wird verfolgt, um Störungen der internationalen Arbeitsteilung, aber auch des Leistungsaustausches zwischen den Ländern so weit wie möglich vorzubeugen. Jedes Land ist also bestrebt, seine binnenwirtschaftlichen Entwicklungen gegenüber negativen Einflüssen aus dem Ausland abzusichern. Wird dieses Ziel nicht erreicht, kommt es zwischen den Ländern zu Ungleichgewichten in Form von Überschuss- bzw. Defizitländern.

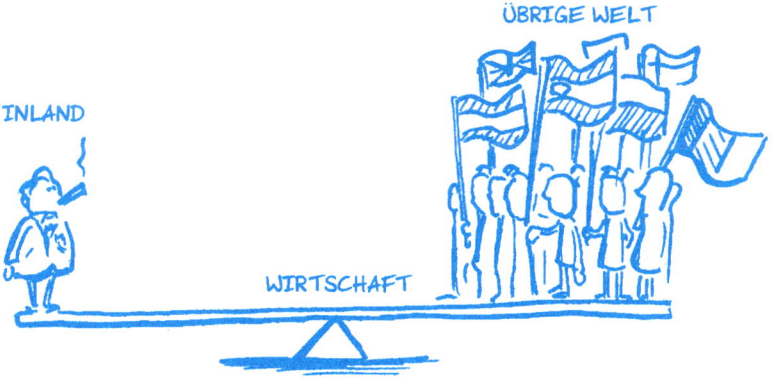

4 Ziele der sozialen Marktwirtschaft

Überschussländer führen einen großen Teil ihrer im Inland produzierten Güter aus und erhalten dafür ausländisches Geld in Form von Devisen. Die Zentralbanken dieser Länder sind verpflichtet, die Devisen in Binnenwährung umzutauschen, so dass bei ihnen ein wachsendes Devisenpolster entsteht.

Die Wirkungen verstärkter Exporte auf die inländische Wirtschaft sind zweigeteilt: Zum einen verringert sich die Gütermenge des Inlands um die an das Ausland verkauften Exportgüter, zum anderen erhöht sich die inländische Geldmenge um den Beitrag der ins Ausland verkauften Güter. Einem verkleinerten Güterangebot steht darum eine vergrößerte Geldmenge gegenüber, so dass die Gefahr einer **importierten Inflation** besteht.

Defizitländer hingegen importieren sehr viele Waren und bezahlen die eingeführten Güter mit ausländischen Devisen. Diese Länder drohen mit dem „Dahinschmelzen" ihrer Gold- und Devisenreserven allmählich international zahlungsunfähig zu werden. Zahlungsunfähigkeit bedeutet für ein Land starke Rückschläge in der sozialen, politischen und wirtschaftlichen Entwicklung.

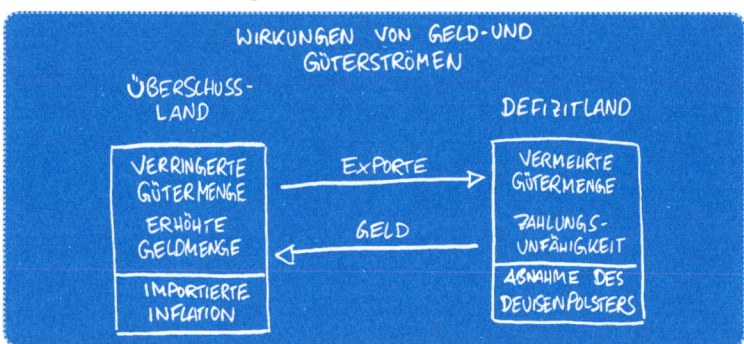

Die Definition des außenwirtschaftlichen Gleichgewichts verlangt eine ausgeglichene **Leistungsbilanz**, d.h., die Zu- und Abströme an Sachgütern, Dienstleistungen und Vermögen sollen sich in einer Periode ausgleichen. Eine weitere alternative Definition bezieht sich auf eine ausgeglichene **Devisenbilanz**, d.h., über einen Zeitraum von z.B. zwei bis drei Jahren sollen die Gold- und Devisenabflüsse den Gold- und Devisenzuflüssen entsprechen.

Soziale Marktwirtschaft und ihre Ziele 4

Eine Aufgabe zur Vertiefung der vielen Fachbegriffe gibt es im Anhang (A4).

Wenn man seinen Lehren folgt und die freie Marktwirtschaft sozial gestaltet, so hatte sich Ludwig Erhard gedacht, dann könnten alle Menschen in Wohlstand leben. Sie erinnern sich, sein Hauptwerk trägt den Titel „Wohlstand für alle". Leider ging sein Traum nicht ganz in Erfüllung. Seit der Einführung der sozialen Marktwirtschaft im Jahr 1948 haben sich in Deutschland nämlich drei wesentliche Probleme entwickelt.

- Zunehmende Staatsverschuldung
  Verursacht durch eine falsche Haushaltspolitik, die in Krisenzeiten Kredite aufnahm, ohne sie in guten Zeiten zurückzuzahlen, verstärkt durch die Ausgaben für die Wiedervereinigung bis hin zu den Investitionsprogrammen der Wirtschafts- und Finanzkrise 2008/2009 kam es zu einer immensen Staatsverschuldung. Zurzeit beläuft sich die Gesamtverschuldung der Bundesrepublik auf 1, 7 Billionen Euro und keiner weiß, wann sie zurückgezahlt wird.

Ziele der sozialen Marktwirtschaft

- **Arbeitslosigkeit**
Seit der Gründung der sozialen Marktwirtschaft hat sich ein Sockel an Arbeitslosigkeit gebildet, der zurzeit drei bis vier Millionen Menschen umfasst. Die Ursachen dafür sind sowohl in strukturellen Veränderungen, im Prozess der Globalisierung wie auch in konjunkturellen Schwankungen zu finden.

- **Soziale Sicherung**
Aufgrund der verbesserten medizinischen Versorgung und der zunehmenden Lebenserwartung kam es im Gesundheitswesen zu einer Ausgabenexplosion, die nur über hohe Sozialabgaben und staatliche Zuschüsse finanziert werden kann. Der Generationenkonflikt zwischen der beitragszahlenden jungen Generation und der zunehmenden Zahl der älteren Leistungsempfänger verschärft sich weiter.

ORDNUNGSELEMENTE UND EINSCHRÄNKUNGEN

ORDNUNGSELEMENTE DER FREIEN MARKTWIRTSCHAFT	BEISPIELE FÜR BESCHRÄNKUNGEN IN DER SOZIALEN MARKTWIRTSCHAFT
PRIVATEIGENTUM	- MITBESTIMMUNG DER ARBEITNEHMER AN PRODUKTIONSMITTELN - VERSORGUNG MIT ÖFFENTLICHEN GÜTERN - SOZIALBINDUNG DES EIGENTUMS
VERTRAGSFREIHEIT	- VERBRAUCHERSCHUTZBESTIMMUNGEN - MIETER- UND ARBEITSSCHUTZBESTIMMUNGEN - BEGRENZTE GEWERBEFREIHEIT
FREIE PREISBILDUNG	AUF TEILMÄRKTEN ÜBERWACHTE PREISE (VERSORGUNGSUNTERNEHMEN, LANDWIRTSCHAFT)
FREIE LOHNBILDUNG	- AUSGEHANDELTE TARIFLÖHNE - MINDESTLÖHNE IN BESTIMMTEN BRANCHEN - EINKOMMENSUMVERTEILUNG DURCH DEN STAAT

Soziale Marktwirtschaft und ihre Ziele 4

Zu den wichtigen Zielsetzungen in einer Volkswirtschaft gehören:

- Die **Preisniveaustabilität**, die inflationäre, aber auch deflationäre Prozesse verhindert und für eine gerechte Einkommens- und Vermögensverteilung sorgt. Sie wird durch Indexziffern angegeben, denen unterschiedliche **Warenkörbe** zugrunde liegen.

- Ein **hoher Beschäftigungsstand**, der das Einkommen breiter Bevölkerungsschichten sichert und dem Staat Steuereinnahmen verschafft. Berechnungsgrundlage ist die **Arbeitslosenquote**.

- Ein **steigendes Wirtschaftswachstum**, das auf eine höhere Güterproduktion hinweist und zunehmenden Wohlstand bedeutet. Gemessen wird das Wirtschaftswachstum durch die **Zuwachsrate des realen BIP**.

- Das **außenwirtschaftliche Gleichgewicht** mindert Störungen beim Leistungsaustausch zwischen den Ländern. Die Messung des Ziels erfolgt über die **Leistungs- bzw. Devisenbilanz**.

John Maynard Keynes und Milton Friedman streiten sich

5

Konjunktur und Konjunkturtheorien
John Maynard Keynes und Milton Friedman streiten sich

Der Herr mit der Schaufel ist **John Maynard Keynes**. Er wurde als Sohn eines Wirtschaftsprofessors 1883 in Cambridge geboren, studierte Mathematik, Philosophie und Ökonomie und wurde selbst Professor. Seine familiären Verhältnisse gestalteten sich schwierig, weil er eine russische Tänzerin heiratete und homosexuell war. Von 1920 bis zu seinem Tode lehrte er an der Universität Cambridge Ökonomie.

Er war ein äußerst gefragter Berater in wirtschaftspolitischen Angelegenheiten und übernahm viele politische Ämter. Keynes zählt zu den bedeutendsten Ökonomen des 20. Jahrhunderts. Sein Hauptwerk „The General Theory of Employment, Interest and Money" von 1936 gilt als eines der einflussreichsten wirtschaftswissenschaftlichen Werke (wenn auch sehr schwer zu lesen). Keynes starb 1946.

Indikatoren

Ausschlaggebend für die Entstehung seiner revolutionären Idee war die **Weltwirtschaftskrise** von 1929 bis 1933, in deren Verlauf es in den meisten Industrieländern zu einer schweren wirtschaftlichen Depression kam. Keynes beschäftigte sich mit den Wirtschaftsschwankungen, die sich in den Veränderungen der Kreislaufströme, wie z.B. dem privaten Konsum, den Investitionen oder Exporten, aber auch der Arbeitslosenzahlen und den Preisniveaus, zeigen. Die Veränderungen dieser volkswirtschaftlichen Größen beschreiben die wirtschaftliche Situation eines Landes und werden als Indikatoren bezeichnet.

Indikatoren sind also Maßgrößen in Form statistischer Zahlenreihen, die wirtschaftliche Entwicklungsvorgänge aufzeigen und sich meist auf eine Grundzahl mit dem Index = 100 beziehen.

Indikatoren werden vom Statistischen Amt der Europäischen Union **(EUROSTAT)**, vom Statistischen Bundesamt (Destatis) der Deutschen Bundesbank und von der Bundesagentur für Arbeit, aber auch von wirtschaftswissenschaftlichen Forschungsinstituten wie z.B. dem Institut der deutschen Wirtschaft (IdW) oder dem Deutschen Institut für Wirtschaftsforschung (DIW) veröffentlicht. Sie können nach ihrer zeitlichen Beziehung zur Wirtschaftssituation in Früh-, Präsens – und Spätindikatoren unterschieden werden.

Das IdW finden Sie unter *www.idw.de* und das DIW unter *www.diw-berlin.de* und *www.destatis.de* kennen Sie schon.

Frühindikatoren kündigen den zukünftigen Verlauf der wirtschaftlichen Entwicklung an und sind darum für eine Wirtschaftsprognose unentbehrlich. Die wichtigsten Indikatoren sind dabei der Index des Geschäftsklimas und der **Auftragseingang**. Beim **Geschäftsklimaindex** z.B. verschickt das ifo-Institut für Wirtschaftsforschung in München einen Fragebogen an rund 200 000 Unternehmen und ermittelt dadurch die Erwartungen der Betriebe für die Zukunft.

5 Indikatoren

Präsensindikatoren wie z.B. Kapazitätsauslastung, Produktion, Einzelhandelsumsätze oder die Einfuhren laufen zur Wirtschaftsentwicklung parallel und verdeutlichen damit die von den Frühindikatoren angezeigte Bewegungsrichtung. **Spätindikatoren** zeigen Veränderungen am Ende einer abgelaufenen Wirtschaftsperiode an. Solche Indikatoren sind z.B. der Verbraucherpreisindex, die Arbeitslosenquote oder die Veränderung des BIP.

Eine weitere Einteilungsmöglichkeit der Indikatoren kann nach Mengen – und Preis – bzw. Kostenindikatoren erfolgen.

Mengenindikatoren sind vor allem im Produktionsbereich von Bedeutung, wobei der wichtigste Indikator der Index der industriellen Produktion ist. Zu den wichtigen Indikatoren gehören aber auch der Auftragseingang, die Lagerhaltung, die Auslastung der Kapazitäten oder die Zahl der Arbeitslosen.

Preis – bzw. Kostenindikatoren zeigen die Verteuerung (Verbilligung) bestimmter Sachgüter oder Dienstleistungen im Zeitablauf an. Beispiele sind: Löhne und Gehälter, Gewinne, Preisveränderungen für die Lebenshaltung, Zinsen oder Aktienkurse.

Konjunktur

„SIEBEN JAHRE KOMMEN, DA WIRD GROSSER ÜBERFLUSS IN GANZ ÄGYPTEN SEIN. NACH IHNEN ABER WERDEN SIEBEN HUNGERSJAHRE HERAUFZIEHEN: DA WIRD DER GANZE ÜBERFLUSS VERGESSEN SEIN, UND HUNGER WIRD DAS LAND AUSZEHREN. (GENESIS 41, 11-46)

DIE ERSTE KONJUNKTURBESCHREIBUNG FINDET SICH ALSO IM ALTEN TESTAMENT.

Die Beobachtung der Indikatoren im Zeitablauf bietet Informationen über die wirtschaftliche Ausgangslage in einem Land. Unter den vielen Indikatoren, die ermittelt werden, hat sich ein Schlüsselindikator herausgebildet, der wirtschaftliche Veränderungen am besten abbildet: das Bruttoinlandsprodukt.

Die Veränderungen der Wachstumsraten des realen Bruttoinlandsprodukts im Zeitablauf werden als **Konjunkturschwankungen** bezeichnet.

Da Konjunkturschwankungen mit einer gewissen Regelmäßigkeit auftreten, bezeichnet man einen Teilausschnitt davon als Konjunkturzyklus. Der Konjunkturzyklus besteht in vereinfachter Form aus einem wellenförmigen Verlauf des BIP mit einer bestimmten Zyklusdauer und Schwankungsbreite, die von Land zu Land unterschiedlich sind.

Unter **Konjunkturzyklus** versteht man eine mehrjährige Schwankung der wirtschaftlichen Aktivitäten in marktwirtschaftlich organisierten Volkswirtschaften.

Ein Konjunkturzyklus wird modellhaft in unterschiedliche Phasen eingeteilt, wobei die häufigste Unterteilung der 4-Phasen-Zyklus ist.

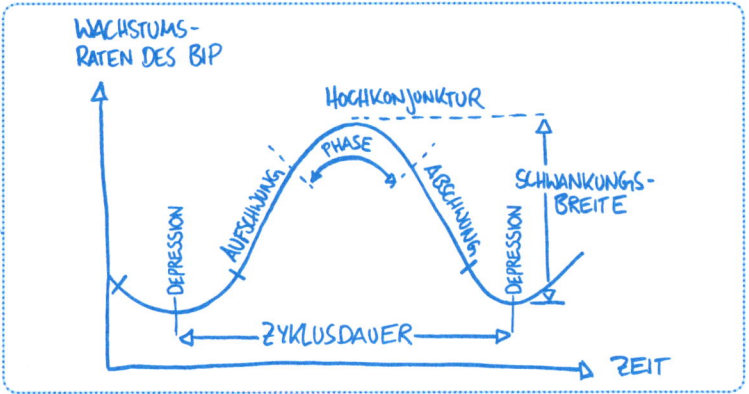

- **Aufschwungphase** (Wiederbelebung oder Expansion)

Ein Aufschwung wird meist durch eine Ausweitung der privaten oder staatlichen Nachfrage ausgelöst. Dadurch nehmen im Unternehmensbereich die Bestellungen zu, das Geschäftsklima und die Auftragslage verbessern sich. Die Produktion kann in vielen Zweigen der Wirtschaft durch Auslastung bisher unzureichend genutzter Kapazitäten schnell ausgeweitet werden. Viele ursprünglich Arbeitslose werden in den Produktionsprozess aufgenommen und finden Beschäftigung.

- **Phase der Hochkonjunktur** (Boom oder Hausse)

Mit dem weiteren Ansteigen der Nachfrage werden die Produktionskapazitäten erst in einigen, dann in allen Produktionsbereichen voll ausgelastet. Die Zahl der Überstunden nimmt zu und die Arbeitskräfte werden knapp. Die Unternehmen zahlen Lohnzuschläge, um Arbeitskräfte aus anderen Betrieben abzuwerben und um eigene Arbeitskräfte zu halten. Nach der Auslastung der Kapazitäten sind zusätzliche Investitionen nötig, um die Nachfrage zu befriedigen. Eine Übernachfrage nach Sachgütern und Dienstleistungen führt zu starken Preissteigerungen.

- **Abschwungphase** (Krise, Kontraktion oder Rezession)

Weisen die Indikatoren im Aufschwung und in der Hochkonjunktur eine positive Tendenz auf, so verändern sich die Vorzeichen im Abschwung und in der Depression. Ein Merkmal des Abschwungs sind rückläufige Umsätze im Unternehmensbereich und die in der

Hochkonjunktur geräumten Lager werden wieder aufgebaut. Ist ein weiterer Lageraufbau nicht mehr sinnvoll, drosselt man die Produktion, die Kapazitäten können nicht mehr voll ausgelastet werden. Um die Lohnkosten zu senken, wird man Kurzarbeit beantragen und Arbeitskräfte entlassen. Damit nimmt der Indikator Arbeitslosenquote zu.

- **Depressionsphase** (Rezession, Tief oder Stagnation)

Die wesentlichen Kennzeichen der Depression sind ein niedriger Auftragsbestand, gepaart mit einer geringen Kapazitätsauslastung und zunehmender Arbeitslosigkeit. Investitionen sind in dieser Zeit riskant und werden unterlassen; der private Konsum ist rückläufig. Die pessimistische Gesamtnachfrage wirkt bremsend auf die Steigerungsraten der Preisindizes.

Die Bundesrepublik Deutschland hat im Laufe ihrer Geschichte eine Vielzahl von Konjunkturzyklen durchlaufen. Korea-Boom, erste Fresswelle und Edelfresswelle, Erhardkrise, erste und zweite Ölkrise sind die Spitznamen solcher Konjunkturzyklen. Durch den Zusammenschluss der beiden deutschen Staaten kam es ab 1990 zum Wiedervereinigungsboom, dem 1993 die Depression folgte. Nach einem starken Aufschwung kam es 2008/2009 zur Wirtschafts – und Finanzkrise. Ausgelöst durch eine Immobilienkrise in den Vereinigten Staaten und verstärkt durch eine Bankenkrise sanken 2009 das Wirtschaftswachstum auf –5% und die Exporte auf –14,7%.

Eine Aufgabe zum Thema konjunkturelle Situation finden Sie im Anhang (A5).

Wirtschaftsschwankungen

Die Schwankungen der wirtschaftlichen Aktivitäten beschränken sich nicht nur auf die Veränderung des realen Bruttoinlandsprodukts – als Indikator der Gesamtwirtschaft –, sondern treten auch in einzelnen Teilbereichen einer Volkswirtschaft und in unterschiedlicher zeitlicher Länge auf.

Kurzfristige Schwankungen, auch saisonale Schwankungen genannt, finden sich z.B. im Baugewerbe, wo die Beschäftigungs – und Produktionsindikatoren alljährlich einen ganz bestimmten klimaabhängigen Verlauf aufzeigen.

Aber auch das Verbraucherverhalten führt zu einem Anstieg von Einzelhandelsumsätzen während der Weihnachtszeit oder zur Sommerzeit, wenn die Ferienhotels überfüllt sind. Solche saisonalen Schwankungen dauern meist ein bis drei Monate und werden von der Geschäftswelt gut vorhergesehen.

Mittelfristige Schwankungen sind die bereits beschriebenen Konjunkturzyklen, die man an den Wachstumsraten des BIP erkennt.

5 Wirtschaftsschwankungen

Langfristige Schwankungen von etwa 50 Jahren wurden 1926 durch den russischen Statistiker N. D. Kondratieff erstmals nachgewiesen.

Die erste Welle wurde von 1800 bis 1850 durch die Dampfmaschine ausgelöst, die zweite durch die Eisenbahn (1850 – 1900), die dritte durch die Elektrotechnik (1900 – 1950), die vierte durch das Automobil (1950 – 2000) und zurzeit befinden wir uns auf der Welle der Informationstechnik.

Konjunktur und Konjunkturtheorien

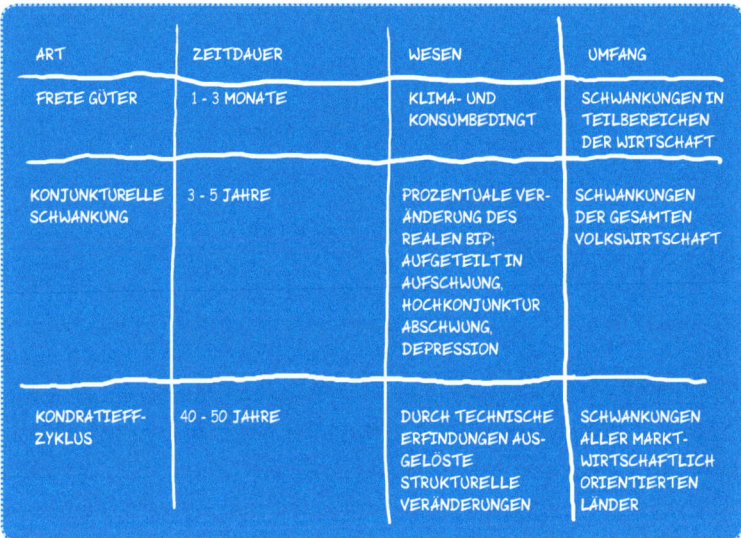

ART	ZEITDAUER	WESEN	UMFANG
FREIE GÜTER	1 - 3 MONATE	KLIMA- UND KONSUMBEDINGT	SCHWANKUNGEN IN TEILBEREICHEN DER WIRTSCHAFT
KONJUNKTURELLE SCHWANKUNG	3 - 5 JAHRE	PROZENTUALE VERÄNDERUNG DES REALEN BIP; AUFGETEILT IN AUFSCHWUNG, HOCHKONJUNKTUR ABSCHWUNG, DEPRESSION	SCHWANKUNGEN DER GESAMTEN VOLKSWIRTSCHAFT
KONDRATIEFF-ZYKLUS	40 - 50 JAHRE	DURCH TECHNISCHE ERFINDUNGEN AUSGELÖSTE STRUKTURELLE VERÄNDERUNGEN	SCHWANKUNGEN ALLER MARKTWIRTSCHAFTLICH ORIENTIERTEN LÄNDER

Gleichgewicht und Ungleichgewicht

Wirtschaftswissenschaftler beschäftigte schon immer die Frage: Wie entstehen überhaupt Konjunkturschwankungen? Bei Ihrem Vorwissen ist die Frage relativ einfach zu beantworten. Konjunkturschwankungen entstehen, wenn das gesamtwirtschaftliche Angebot und die gesamtwirtschaftliche Nachfrage auseinanderfallen. Es kann z.B. sein, dass die privaten Haushalte mehr konsumieren, da ihre Lebensansprüche steigen, oder die Unternehmen investieren stärker, da sie höhere Gewinne erwarten, ebenso wie das Ausland mehr Güter im Inland kaufen kann.

Steigt die gesamtwirtschaftliche Nachfrage stärker als das gesamtwirtschaftliche Angebot, so entwickelt sich ein Aufschwung und in überhitzter Form eine Hochkonjunktur. Wird das gesamtwirtschaftliche Angebot größer als die gesamtwirtschaftliche Nachfrage, so kommt es zu einem Abschwung, gefolgt von einer Depression. Die Schwankungen des realen Bruttoinlandsprodukts im Zeitablauf weisen also darauf hin, dass eine Volkswirtschaft aus dem Gleichgewicht geraten ist.

5 Gleichgewicht und Ungleichgewicht

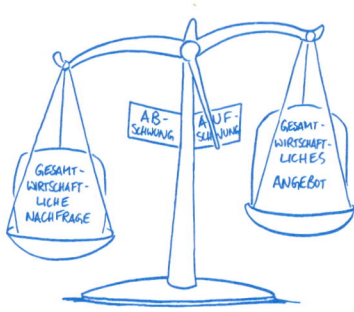

Für die Situation einer ungleichgewichtigen Wirtschaft nahmen die Klassiker an, dass das gesamtwirtschaftliche Angebot und die gesamtwirtschaftliche Nachfrage automatisch zu einem Ausgleich, also zum **Gleichgewicht**, drängen. Adam Smith und seine Anhänger gingen von einer Art Harmonielehre aus und vertraten die Ansicht, dass das volkswirtschaftliche Angebot sich die eigene Nachfrage selbst schafft. Jean Baptist Say, ein französischer Nationalökonom, lieferte dafür die Begründung mit seinem **Sayschen Theorem**. Er führte dabei zwei Überlegungen an:

1. Für die Produktion von Gütern müssen die Unternehmen Einkommen zahlen. Wie Sie wissen, für den Faktor Arbeit Löhne, für das Kapital Gewinne und Zinsen und für den Faktor Natur Pachten und Renten. Jeder Produktion entspricht dabei ein in gleicher Höhe geschaffenes Einkommen. Die Herstellung eines Autos im Wert von 30.000,00 € schafft demnach Einkommen in Höhe von 30.000,00 €. Geben die Haushalte ihr gesamtes Einkommen für die erzeugten Güter aus, so ist die Wirtschaft im Gleichgewicht und alle Arbeitnehmer sind beschäftigt.

2. Es kann aber sein, dass die Haushalte nicht ihr gesamtes Einkommen für Güterkäufe verwenden und einen Teil in Form von Ersparnissen zurücklegen, d.h., das gesamtwirtschaftliche Angebot wird zunächst nicht ganz nachgefragt. Aber auch dann, wenn ein Teil des Gesamteinkommens gespart wird, dienen die Ersparnisse als Grundlage für die Kreditvergabe und damit für Investitionen. Der Nachfrageausfall bei den Haushalten führt nach Ansicht der Klassiker zu einer Nachfrageerhöhung bei den Unternehmen und alles kommt wieder ins Gleichgewicht.

Die klassische Theorie und das Saysche Theorem versagten jedoch in der **Weltwirtschaftskrise** von 1929 bis 1933. Die Weltwirtschaftskrise nahm ihren Ausgang in den Vereinigten Staaten, wo am 25. Oktober 1929 (Schwarzer Freitag) der Aktienmarkt an der New Yorker Börse zusammenbrach.

Ursache für die Entwicklung war ein jahrelanger wirtschaftlicher Aufschwung in den USA, der zu einer Überproduktion geführt hatte. Gleichzeitig hatte sich ein Spekulationsfieber ausgebreitet, in dem breite Bevölkerungsschichten überwiegend mit Krediten finanzierte Aktien kauften, um Kursgewinne zu erzielen. Dieser Börsencrash breitete sich von der Wall Street ausgehend rasch in der ganzen Welt aus. Es kam zu einem weltweiten Zusammenbruch des Bankensystems. Die Unternehmen erhielten keine Kredite, mussten die Produktion einstellen und die Arbeitslosigkeit nahm in der Folge stark zu.

5 Gleichgewicht und Ungleichgewicht

In dieser Situation folgten die Wirtschaftspolitiker den Lehren der Klassiker und hofften, dass der Marktmechanismus automatisch zum Gleichgewicht von gesamtwirtschaftlicher Nachfrage und gesamtwirtschaftlichem Angebot und damit zur Vollbeschäftigung führen würde. Es kam jedoch zur Massenarbeitslosigkeit und zur völligen Entwertung des Geldes. Die Anwendung des klassischen Konzepts während der Weltwirtschaftskrise führte demnach zu einem starken **Ungleichgewicht**.

Keynes gehörte zu den wichtigsten Gegnern der klassischen Harmonielehre. Er erkannte, dass die Selbstheilungskräfte des Marktes nicht ausreichen, um einen hohen Beschäftigungstand in einer Volkswirtschaft zu erreichen.

In seinem Hauptwerk wies er nach, wie solche Ungleichgewichte vor allem auf dem Arbeitsmarkt entstehen können. Fließt z.B. ein Teil des Einkommens in die Ersparnisse, so werden die Haushalte weniger konsumieren, wodurch es bei den Unternehmen zu rückläufigen Umsätzen kommt. Sinkender Absatz verbunden mit schrumpfenden Gewinnen werden die Unternehmer veranlassen, weniger zu investieren.

Es kann demnach in einer Volkswirtschaft zu einer Nachfragelücke und Unterbeschäftigung kommen. Eine weitere Ursache für Ungleichgewichte ist der Arbeitsmarkt, für den die Marktregeln nur teilweise gelten. Aufgrund von Tariflöhnen ist eine Flexibilität nach unten nicht gegeben und dadurch kann die von den Klassikern angenommene Anpassung entweder gar nicht oder nur in sehr langen Zeiträumen eintreten.

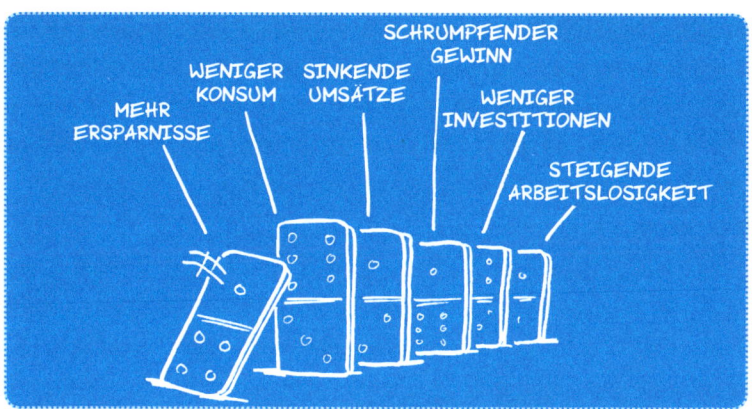

> **Fiskalismus**

Um das größte Problem einer Volkswirtschaft, nämlich die Arbeitslosigkeit, zu bekämpfen, entwickelten Keynes und seine Schüler das Konzept einer **nachfrageorientierten Konjunktursteuerung** in Form der antizyklischen Haushaltspolitik. Der Zentralschlüssel für diese Theorie ist die staatliche Nachfrage. Nach Ansicht der Keynesianer muss in einer Situation fehlender privater Nachfrage der Staat diese fehlende Nachfrage durch Erhöhung seiner Ausgaben ausgleichen oder versuchen, die private Nachfrage durch geeignete Maßnahmen anzuregen. Im Fall einer überhöhten gesamtwirtschaftlichen Nachfrage hat der Staat seine Ausgaben und die der privaten Wirtschaft zu drosseln. Um den Konsum in der Depression zu erhöhen, soll die Regierung ein Haushaltsdefizit in Kauf nehmen. In der keynesianischen Terminologie wird dies als **„deficit spending"** bezeichnet.

5 Fiskalismus

In der Hochkonjunktur sollte der Staat einen Haushaltsüberschuss in Form einer Haushaltsrücklage bilden und damit die gesamtwirtschaftliche Nachfrage drosseln. Auch hierfür gibt es einen englischen Ausdruck, nämlich **„surplus saving"**.

Der Staat hat sich mit Haushaltsdefizit bzw. – überschuss in seiner Finanzpolitik **antizyklisch** zum Konjunkturverlauf zu verhalten. Der Haushaltsausgleich braucht dabei nicht jährlich zu erfolgen, sondern sollte über die Zeitdauer des Konjunkturzyklus abgeschlossen sein. Da nach Ansicht der Keynesianer Konjunkturpolitik überwiegend Haushaltspolitik ist und vom Fiskus, also dem Staat, betrieben wird, bezeichnet man diese Theorie auch als **Fiskalismus**.

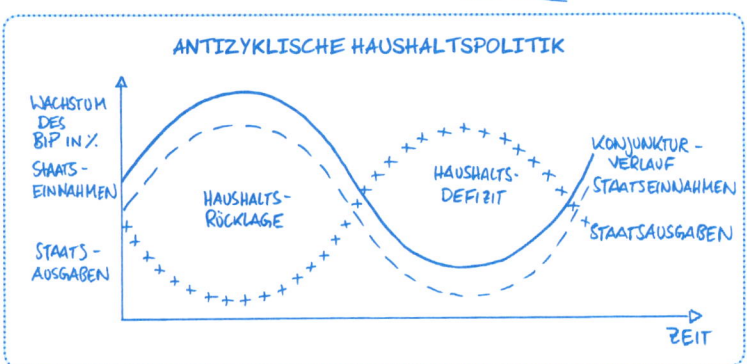

Die Regierung hat demnach die Aufgabe, die Wirtschaftsschwankungen zu glätten und die negative Abfolge von guten und schlechten Zeiten zu durchbrechen. Oberstes Ziel aller Maßnahmen sollte es sein, einen hohen Beschäftigungsstand in einer Volkswirtschaft zu erreichen und dafür zu sorgen, dass alle Arbeitsfähigen beschäftigt sind. Übrigens: Unter **Beschäftigungspolitik** versteht man den Einsatz solcher Maßnahmen der Wirtschaftspolitik, die das Ziel haben, einen hohen Beschäftigungsstand zu erreichen und Arbeitslosigkeit abzubauen.

Um hohe Arbeitslosigkeit einer Volkswirtschaft zu verhindern, sollte der Staat im Rahmen des Keynesianismus in einer Depression die gesamtwirtschaftliche Nachfrage anregen und folgende Maßnahmen ergreifen:

- die Staatsausgaben, also unser C_{St}, erhöhen und Konjunkturprogramme auflegen, um die Auftragslage bei den Unternehmen zu verbessern und Arbeitsplätze zu erhalten bzw. zu schaffen

- die Einkommensteuer senken, um das verfügbare Einkommen der Haushalte zu erhöhen, den privaten Konsum (C_H) anzuregen und damit den Umsatz bei den Unternehmen zu steigern

- die Körperschaftssteuer, die die Unternehmen zahlen müssen, senken, um deren Gewinnsituation zu verbessern und Investitionen (I^b) zu ermöglichen

- steuerliche Abschreibungsvergünstigungen einzuführen oder Investitionszulagen zu gewähren, um zusätzliche Investitionen (I^b) anzuregen

In der Hochkonjunktur ist es demzufolge sinnvoll, die Staatsausgaben zu senken, die Einkommen – und Körperschaftssteuer zu erhöhen, steuerliche Abschreibungsvergünstigungen auszusetzen und Investitionszulagen zu streichen.

Wirtschaftskrisen

Die Grundgedanken der Keynes'schen Theorie wurden 1967 in das „Gesetz zur Förderung der Stabilität und des Wachstums der Wirtschaft", kurz **Stabilitätsgesetz** genannt, aufgenommen. Dieses Gesetz enthält eine Reihe von Instrumenten, die es Bund und Ländern ermöglichen, dem Konjunkturverlauf entgegenzusteuern und eine antizyklische Finanzpolitik zu betreiben.

Die **antizyklische Haushaltspolitik** wurde in der Bundesrepublik Deutschland erstmals in den Jahren 1973 bis 1978 eingesetzt. Der wirtschaftliche Abschwung, der sich 1973 als Folge der 1. Ölkrise anbahnte, wurde mit einem Stabilitätsprogramm (1973) und zwei Konjunkturprogrammen in den Jahren 1974 und 1975 in seiner Stärke gemindert.

Auch bei der Finanzkrise 2008/2009 setzte man staatliche Konjunkturprogramme ein, um die Auswirkungen der Finanzkrise auf die Realwirtschaft zu verhindern. Ähnlich wie die Weltwirtschaftskrise von 1929 bis 1933 nahm die Finanzkrise ihren Ausgang in den Vereinigten Staaten. Dort vergaben amerikanische Banken an Hausbesitzer äußerst zinsgünstige Kredite, ohne dass deren Einkommenssituation und Kreditwürdigkeit ausreichend geprüft wurde. Diese Kredite wurden von den US-Banken zu Wertpapierpaketen gebündelt und mit hohen Zinsversprechungen an internationale und damit auch deutsche Banken weiterverkauft. Durch einen Zinsanstieg in den USA konnte ein Großteil der Bauwilligen ihre Kredite nicht mehr zurückzahlen und es kam zunächst zu einer **Immobilienkrise** in den USA.

Diese Immobilienkrise führte zu umfangreichen Kreditausfällen und damit zu einer Bankenkrise, die sich auf die internationalen Kapitalmärkte ausweitete. Viele europäische Banken hatten wertlose amerikanische Papiere und standen vor der Insolvenz. Ein Bankencrash hätte aber unweigerlich eine reduzierte Kreditvergabe, demzufolge steigende Unternehmensinsolvenzen und damit hohe Arbeitslosigkeit zur Folge gehabt. Die deutsche Realwirtschaft sah sich dem Gespenst einer zweiten Weltwirtschaftskrise mit hohen Arbeitslosenzahlen gegenüber.

Ausführliche Informationen über vergangene Wirtschaftskrisen gibt es im Internet.

5 Wirtschaftskrisen

In dieser Situation folgten die Bundesregierung und andere europäische Regierungen den Lehren des John Maynard und legten im November 2008 das **Konjunkturpaket** I und 2009 das Konjunkturpaket II mit einem Gesamtvolumen von ca. 40 Mrd. € auf. Wichtige Maßnahmen waren hierbei die Investitionsförderung, die Zahlung von Kurzarbeitergeld, die Senkung der Einkommensteuer und die Abwrackprämie.

Informationen über die wirtschaftlichen Aktivitäten unserer Regierung finden Sie unter *www.bundesregierung.de*

Obwohl die Keynesianer glaubten, mit der Steuerung der staatlichen Nachfrage den „Stein der Weisen" gefunden zu haben, ergeben sich für die **antizyklische Haushaltspolitik** einige Probleme:

- Es besteht die Gefahr, dass die Politiker in der Depression zwar Kredite aufnehmen und deficit spending betreiben, in der Hochkonjunktur aber auf die Tilgung der Schulden oder die Bildung von Rücklagen schlichtweg verzichten. Als Folge davon steigt bei jedem Konjunkturzyklus die Gesamtverschuldung des Staates an und belastet die kommenden Generationen.

- Eine steigende und vor allem durch Kredite finanzierte Staatsnachfrage erhöht die Geldmenge in einer Volkswirtschaft und führt zu steigenden Preisen. Man spricht von einer **Nachfrageinflation**. Zudem führt eine erhöhte Kreditaufnahme des Staates am Geldmarkt zu steigenden Zinsen und veranlasst die Unternehmen, weniger Kredite aufzunehmen. Dadurch werden die Investitionen rückläufig und die Arbeitslosigkeit steigt.

- Ein weiterer Nachteil der nachfrageorientierten Beschäftigungspolitik besteht darin, dass die Konjunkturprogramme zu einem falschen Zeitpunkt aufgelegt werden und ihre Wirkung damit verpufft oder sogar prozyklisch wirkt. Bis wirtschaftspolitische Maßnahmen, wie z.B. eine zusätzliche staatliche Investition, wirken, ergeben sich zeitliche Verzögerungen, also **time-lags**. Im ungünstigen Fall kann eine Maßnahme erst dann wirken, wenn sich die konjunkturelle Lage bereits wieder verbessert hat, und damit prozyklisch wirken.

Monetarismus

Als man die Keynes'sche Lehre in den 1970er Jahren zur Bekämpfung des 1. Ölpreisschocks einsetzte, versagte diese. In den Ländern, die eine nachfrageorientierte Konjunkturpolitik betrieben, war die Folge der an-

5 Monetarismus

tizyklischen Haushaltspolitik nicht Vollbeschäftigung, sondern die Erscheinung der **Stagflation**.

Milton Friedman, ein Ökonomieprofessor an der Universität Chicago, beschäftige sich gründlich mit der Geldmengenentwicklung und belegte in seinem Hauptwerk „A Monetary History of the United States 1867 – 1960", dass die Wirtschaftskrisen in den Vereinigten Staaten durch eine falsche Geldmengenpolitik hervorgerufen wurden.

Friedman entwickelte das Konzept einer **angebotsorientierten Wirtschaftspolitik**, durch die er vor allem die langfristigen Rahmenbedingungen für die Güterproduktion günstig gestalten wollte. Die Theorie des Milton Friedman knüpft an den Grundsatz der klassischen Nationalökonomie des Adam Smith an, der davon ausging, dass der Markt ein harmonisches, sich selbst regulierendes System ist, in dem stets Kräfte wirksam werden, die zum Gleichgewicht hinführen.

Eine Marktwirtschaft findet von selbst ihr optimales Gleichgewicht, wenn sie vor allem durch staatliche Eingriffe nicht gestört wird. Der Staat hat sich wie ein **Nachtwächter** zu verhalten, der die Leute bei ihrer Arbeit nicht stört und nachts für Ruhe und Ordnung sorgt. Anders formuliert, der Staat soll lediglich die Rahmenbedingungen für die Wirtschaft schaffen, das Privateigentum garantieren und für Sicherheit sorgen. Ansonsten soll in der freien Wirtschaft das Laissez-faire-Prinzip gelten.

Auch Milton Friedman vertritt das Prinzip: so viel Markt wie möglich und so viel Staat wie nötig. Da die theoretischen Grundlagen der Lehre des Milton Friedman auf den Ansichten der Klassiker aufbauen, wurden sie als **Neoklassik** bezeichnet.

Ebenso wie die klassische Nationalökonomie erteilte die neoklassische Theorie der aktiven Beschäftigungspolitik über den Staatshaushalt eine Absage. Für die notwendige Steuerung der gesamtwirtschaftlichen Größen soll nicht die Staatsnachfrage eingesetzt werden, sondern die Geldmengensteuerung der Zentralbank. Da die Geldmenge die „Wunderwaffe" dieser Konzeption ist, hat sie den Namen Monetarismus erhalten. Der Ausdruck „Friedmanismus" wäre doch zu sonderbar.

5 Monetarismus

Die neoklassische Theorie, verkürzt als Monetarismus bezeichnet, ist durch folgende Merkmale gekennzeichnet:

- Die Wachstumsschwächen der Konjunktur und damit die Arbeitslosigkeit haben ihre Ursachen in Störungen auf der Angebotsseite. Die Beschäftigungspolitik muss also bei der Produktion von Gütern im Sektor Unternehmen ansetzen und nicht beim staatlichen Konsum. Die Unterbeschäftigung in einer Volkswirtschaft ist vor allem auf unzureichende Investitionen zurückzuführen. Deshalb muss der Staat Investitionshemmnisse, aber auch Subventionen abbauen, auf leistungshemmende Steuern verzichten und die Bürokratie reduzieren.

- Die Veränderung des realen Volkseinkommens und damit die Nachfrageentwicklung hängen in erster Linie von der Veränderung der Geldmenge ab. Die Zentralbank ist für Friedman die gekrönte Königin der Wirtschaftspolitik, da sie über die Regulierung der Geldmenge den Wirtschaftsablauf in einer Volkswirtschaft steuert. Die Geldmenge sollte dabei von vornherein so bemessen werden, dass sie keine Impulse auf das Wirtschaftsgeschehen ausübt, sondern sich konjunkturneutral verhält.

- Tragende Säule des neoklassischen Konzepts ist das freie Unternehmertum, das über Investitionen Arbeitsplätze schafft.

Die Neoklassik entwickelte sich in den Vereinigten Staaten und in den meisten europäischen Ländern zur bevorzugten Wirtschaftstheorie und zur Grundlage für die Wirtschaftspolitik der Regierungen. Obwohl die neoklassischen Forderungen weitgehend erfüllt wurden, gelang es nicht, den relativ hohen Sockel an Arbeitslosigkeit abzubauen und vor allem die Wirtschafts – und Finanzkrise 2008/2009 zu verhindern. Im Gegenteil: Zu viel Liberalismus birgt die Gefahr des ungehemmten Gewinnstrebens und der ungerechten Wohlstandsverteilung.

5 Monetarismus

Die Ausgangslage einer Volkswirtschaft wird durch Früh-, Präsenz – und Spätindikatoren beschrieben, ebenso wie durch Mengen – und Preisindikatoren. Ein wichtiger Schlüsselindikator ist das BIP, das im Zeitablauf schwankt. Einen vollen Schwankungszyklus, der in Aufschwung, Hochkonjunktur, Abschwung und Depression unterteilt wird, bezeichnet man als Konjunktur. Neben den mittelfristigen Schwankungen, die einen Konjunkturzyklus bilden, unterscheidet man noch saisonale Schwankungen und den Kondratieff-Zyklus. Konjunkturschwankungen entstehen, wenn die gesamtwirtschaftliche Nachfrage nicht dem gesamtwirtschaftlichen Angebot entspricht. Bezüglich der Steuerung der Konjunktur gibt es unterschiedliche Theorien.

KRITERIEN	KLASSISCHE THEORIE	KEYNESIANISMUS	NEOKLASSISCHE THEORIE
HAUPTVERTRETER	ADAM SMITH JEAN BAPTIST SAY	JOHN MAYNARD KEYNES	MILTON FRIEDMAN
HAUPTTRÄGER DER POLITIK	KEINE ZUWEISUNG	REGIERUNG (FISKALISMUS)	ZENTRALBANK (MONTARISMUS)
EINSTELLUNG ZUM MARKT	MARKTGLEICHGEWICHT VORHANDEN	MARKTGLEICHGEWICHT NICHT VORHANDEN	MARKTGLEICHGEWICHT VORHANDEN
BESCHÄFTIGUNGSPOLITIK	KEINERLEI EINGRIFFE IN DEN MARKTMECHANISMUS	VARIATION DER STAATSNACHFRAGE	VERSTETIGUNG DER GELDMENGENENTWICKLUNG

Moneymaker, Budgetbert und die Taribrüder basteln

Arten der Wirtschaftspolitik
Moneymaker, Budgetbert und die Taribrüder basteln

Ähnlich wie unserem Billy geht es den Personen, die in einem Land die Wirtschaftspolitik gestalten. Sie finden eine bestimmte wirtschaftliche Ausgangslage vor, die ihnen durch verschiedene Indikatoren näher beschrieben wird. Jede **Ausgangslage** weist Probleme auf, wie z.B. eine hohe Arbeitslosigkeit, steigende Preise oder eine zunehmende Staatsverschuldung. Wenn man **Probleme** hat, wird man sich **Ziele** setzen. In der Wirtschaftspolitik sind dies vor allem die Ziele des magischen Vierecks, also Wirtschaftswachstum, Preisniveaustabilität, hoher Beschäftigungsstand und außenwirtschaftliches Gleichgewicht. Wer Ziele verfolgt, versucht diese durch den Einsatz geeigneter **Maßnahmen** zu erreichen.

Arten der Wirtschaftspolitik

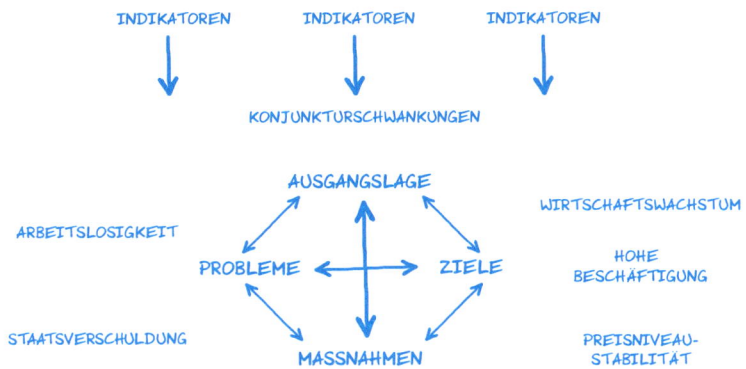

Unter **Wirtschaftspolitik** versteht man alle Maßnahmen, mit denen man die wirtschaftlichen Probleme eines Landes entsprechend bestimmter Zielsetzungen zu lösen versucht.

Um die wirtschaftliche Situation eines Landes zu beeinflussen, benötigt man eigene Institutionen und eine umfangreiche Organisation. Die wichtigsten Träger der wirtschaftspolitischen Maßnahmen sind die Zentralbank, die Regierung und die Tarifparteien. Diese Maßnahmenträger betreiben unterschiedliche Arten der Wirtschaftspolitik. Die Zentralbank ist zuständig für die Geldpolitik, die Regierung organisiert den Staatshaushalt, betreibt also Finanzpolitik, und beide zusammen beeinflussen die Außenwirtschaftspolitik. Die Tarifparteien, also die Arbeitgeberverbände und die Gewerkschaften, sind zuständig für die Tarifpolitik und regeln zusammen mit der Regierung die Beschäftigungspolitik.

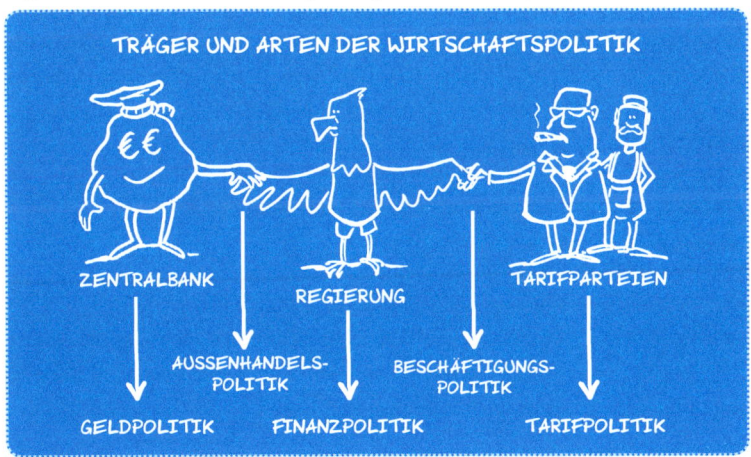

Geldpolitik

Den Bereich der Wirtschaftspolitik, der sich mit dem Geldwesen beschäftigt, bezeichnet man als Geldpolitik. Unter **Geldpolitik** versteht man alle Maßnahmen, mit denen die Zentralbank den Umlauf der Geldmenge und die Kreditversorgung der Wirtschaft eines Landes steuert.

Die oberste **Institution** des gesamten Geldwesens ist die Zentralbank eines Landes. Jedes Land mit einer eigenen Währung hat eine solche Zentralbank und ein eigenes Bankensystem. Aufbau und Aufgaben des Bankensystems ähneln sich jedoch. Die folgenden Ausführungen geben das **Europäische Zentralbanksystem** mit seinen Organen, Zielsetzungen und Instrumenten wieder.

Vertiefende und interessante Informationen gibt es unter
www.bundesbank.de/ezb/ezb.php

Die **Europäische Zentralbank** (EZB) hat ihren Sitz in Frankfurt und bildet zusammen mit den nationalen Zentralbanken der Mitgliedsländer des Euroraums das sogenannte **„Eurosystem"**. Die Geldpolitik der EZB beeinflusst nicht nur die Bundesrepublik Deutschland, sondern auf unterschiedliche Weise alle Länder der Europäischen Union. Zentrales Beschlussorgan der EZB ist der EZB-Rat, der sich aus dem **Direktorium** und den Präsidenten der nationalen Zentralbanken zusammensetzt. Das Direktorium wird vom Präsidenten und dem Vizepräsidenten sowie (vier) weiteren Mitgliedern gebildet, die einvernehmlich durch die Regierungen der Mitgliedsstaaten ernannt werden. Die Präsidenten der nationalen Zentralbanken der Mitgliedsländer werden von den einzelnen Mitgliedsstaaten berufen.

Damit das Europäische Zentralbanksystem seinen gesetzlichen Auftrag erfüllen kann, hat man ihm die Stellung einer unabhängigen und vor politischen Einflussnahmen geschützten Institution verliehen. Es kann seine Leitungsorgane selbstständig besetzen, ist finanziell unabhängig und frei von Weisungen.

Oberste **Zielsetzung** der Zentralbank ist die Stabilisierung des Preisniveaus. Nachrangig darf sie auch die Wirtschaftspolitik in der Europäischen Gemeinschaft unterstützen. Um aber ein stabiles Preisniveau zu erreichen, muss die Geldmenge im Verhältnis zur Gütermenge genau dosiert werden, damit eine Inflation oder Deflation vermieden wird.

6 Geldpolitik

Das Bankensystem übernimmt in einer Volkswirtschaft vor allem drei **Aufgaben**. Die erste ist die Versorgung mit Geld, also mit Münzen und Banknoten. In der EU haben die Länder des Eurosystems das Recht, Münzen zu prägen. Die Banknoten werden von der Zentralbank ausgegeben. Durch die Ausgabe von Münzen und Banknoten kommt es zu einer **Bargeldschöpfung**. Die zweite Aufgabe besteht in der Vermittlung von Krediten an die private Wirtschaft, also die **Giralgeldschöpfung**. Die dritte Aufgabe ist die Abwicklung des Zahlungsverkehrs im Inland, aber auch mit dem Ausland.

Der organisatorische Aufbau des Bankensystems hat sehr viel mit dem Vorgang beim Brotbacken zu tun. Die Zentralbank ist der Müller, der das Mehl erzeugt, d.h., die Zentralbank liefert den wichtigsten Treibstoff einer Volkswirtschaft, nämlich das Zentralbankgeld. So wie der Müller das Mehl den Bäckereien zur Verfügung stellt, damit diese Brötchen backen können, so benötigen die Geschäftsbanken Zentralbankgeld, um Kredite zu vergeben. Alle „Brötchen essenden Wesen" bilden die Nichtbanken, zu denen alle Unternehmen, der Staat, das Ausland und natürlich auch Sie gehören. Es ist einzusehen, dass der Müller (Zentralbank) mit seiner Mehlmenge (Zentralbankgeld) die Anzahl der Brötchen (Kredite), die die Bäckereien (Geschäftsbanken) an die Kunden (Nichtbanken) ausliefern, beeinflusst.

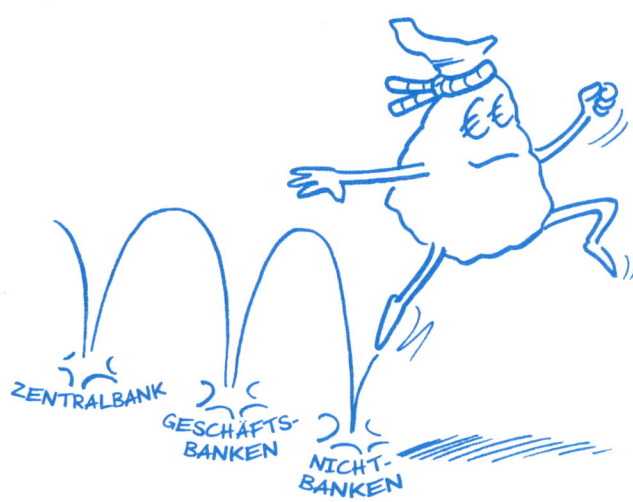

Damit die Kreditvergabe der Geschäftsbanken an die Nichtbanken und damit die Geldschöpfung in geordneten Bahnen verläuft, stehen der Zentralbank für die Geldmengensteuerung drei Instrumente zur Verfügung.

Ein Instrument ist die **Offenmarktpolitik**. Vielleicht erleichtert es Ihnen das Verständnis, wenn Sie wissen, dass der Begriff historisch zu erklären ist. Im alten England stand nämlich der Markt, auf dem die Bank von England langfristige Staatspapiere verkaufte und kaufte, sämtlichen Interessenten offen. Unter Offenmarktpolitik versteht man (heute) den An- und Verkauf von Wertpapieren durch die Zentralbank am Geld- und Kapitalmarkt. Wertpapiere sind Urkunden, die dem Inhaber, also dem Geldanleger, das Recht auf Rückzahlung und Zinsen verbriefen.

Sehr stark vereinfacht funktioniert die Offenmarktpolitik auf folgende Weise: Kauft die Zentralbank in großen Mengen Wertpapiere am freie Kapitalmarkt, so muss sie diese bezahlen und dadurch wird die Geldmenge in einer Volkswirtschaft erhöht; verkauft sie Wertpapiere, so wird die Geldmenge verringert.

Entwickelt sich z.B. in einer Volkswirtschaft eine Hochkonjunktur, so wird die Zentralbank Wertpapiere verkaufen und die Geldmenge dadurch verringern. Die Kreditvergabe der Geschäftsbanken und die gesamtwirtschaftliche Nachfrage kann damit gedrosselt werden. Bildet sich hingegen eine Depression heraus, so muss die Zentralbank Wertpapiere kaufen. Sie wird damit die Geldmenge und die Kreditvergabe erhöhen und die gesamtwirtschaftliche Nachfrage stabilisieren.

Die **Politik der ständigen Fazilitäten** hat die Aufgabe, die Kreditbedingungen für die Banken zu erleichtern. Fazilitäten ermöglichen es den Geschäftsbanken, ihren täglichen Geldbedarf auszugleichen, indem sie kurzfristige Gelder bei der nationalen Zentralbank entweder anlegen oder aufnehmen. Sowohl bei der Geldanlage wie auch bei der Aufnahme von Krediten zahlt die Zentralbank an die Geschäftsbanken Zinsen bzw. verlangt Zinsen. Die höheren Kreditzinsen und die niedrigeren Einlagezinsen bilden einen **Zinskanal**, in dem sich der Tagesgeldzins bewegt.

Arten der Wirtschaftspolitik 6

Dieser **Tagesgeldzins** ist der Leitzins in einer Volkswirtschaft und beeinflusst das Zinsniveau im gesamten Bankenbereich. Durch die Variation der Tagesgeldzinssätze kann unser Moneymaker wiederum die Konjunktur beeinflussen. Sie ahnen schon: Während des Aufschwungs bzw. in der Hochkonjunktur muss der Tagesgeldzins angehoben werden und während des Abschwungs bzw. in einer Depression wird er gesenkt.

Ansatzpunkt für die **Mindestreservepolitik** sind die Geldeinlagen der Nichtbanken bei den Geschäftsbanken. Die Geschäftsbanken erhalten von ihren inländischen und ausländischen Kunden Einlagen in Form von Sichteinlagen, also täglich fällige Gelder, Termineinlagen und Spareinlagen. Zur Sicherheit und aus Gründen des Vertrauensschutzes kann die Zentralbank die Geschäftsbanken zwingen, einen bestimmten

6 Finanzpolitik

Prozentsatz für bestimmte Kundeneinlagen bei der EZB auf Konten als **Mindestreserve** zu halten. Mindestreserven sind demnach Zwangsguthaben, die die Geschäftsbanken auf Girokonten bei der jeweiligen nationalen Zentralbank für bestimmte genau festgelegte Kundeneinlagen unterhalten müssen.

Erhöht Mister Moneymaker die Mindestreserven, vermindert er die Kreditvergabe der Geschäftsbanken, er drosselt die gesamtwirtschaftliche Nachfrage und bremst eine hochkonjunkturelle Entwicklung. In einer depressiven Phase muss er die Mindestreservesätze senken.

Eine ausführliche Beschreibung der Instrumente der Europäischen Zentralbank bietet das Internet.

Finanzpolitik

Unter **Finanzpolitik** versteht man alle Maßnahmen des Staates, mit denen er über Veränderungen der öffentlichen Einnahmen und Ausgaben die wirtschaftliche Entwicklung eines Landes beeinflusst. Sie wird in der Bundesrepublik Deutschland von der Bundesregierung in Berlin und von den Landesregierungen betrieben.

Unser Budgetbert hat im Rahmen seiner Finanzpolitik drei wichtige Aufgaben zu erfüllen:

- Er hat eine **Umverteilungsfunktion**, d.h., es ist seine Aufgabe, über seine Einnahmen und Ausgaben Ungleichheiten und Ungerechtigkeiten, die sich in einem Land entwickeln, abzumildern und auszugleichen. Er wird also ein System entwickeln, das auf eine gerechte Verteilung der Steuern achtet. Steuergerechtigkeit verlangt einerseits, dass sich die Steuer an der Leistungsfähigkeit des Steuerzahlers und an der Höhe seines Einkommens orientiert, und anderseits soll die Steuerlast auf die gesellschaftlichen Gruppen möglichst gerecht verteilt werden.

- Eine weitere Aufgabe ist die Bereitstellung öffentlicher Sachgüter und Dienstleistungen wie z.B. Bildungsmöglichkeiten an Schulen und Hochschulen, Verkehrswege und die Leistungen der Polizei und Justiz. Man spricht hier von **Bedarfsdeckungsfunktion**. Im Rahmen dieser Funktion soll der Staat einen ausgeglichenen Haushalt nach Art. 110 GG anstreben und nur so viel ausgeben, wie er eingenommen hat.

- Die dritte Funktion ist die **Stabilisierungsfunktion**, d.h. der Staat soll unerwünschten Entwicklungen in einer Volkswirtschaft, wie steigende Arbeitslosigkeit, geringes Wirtschaftswachstum oder hohe Preissteigerungen, entgegenwirken und den Lehren des John Maynard Keynes oder Milton Friedman folgen.

Um die genannten Funktionen zu erfüllen, stehen unserem Budgetbert drei wichtige Instrumente zur Verfügung: die Einnahmenpolitik, die Ausgabenpolitik und die Schuldenpolitik.

Bei der **Einnahmenpolitik** der öffentlichen Hand unterscheidet man zwischen ordentlichen Einnahmen und außerordentlichen Einnahmen, wie z.B. Privatisierungserlöse. Zu den ordentlichen Einnahmen gehören die Abgaben, also Steuern, Gebühren (z.B. Beurkundungen) und Beiträge (z.B. Wasser- und Kanalabgaben).

6 Finanzpolitik

Die Haupteinnahmequelle des Staates sind natürlich die Steuern. Für den Ökonomen sind Steuern einmalige oder laufende Geldleistungen, die keine Gegenleistung für eine besondere Leistung darstellen. Sie werden nach unterschiedlichsten Kriterien eingeteilt und erhoben.

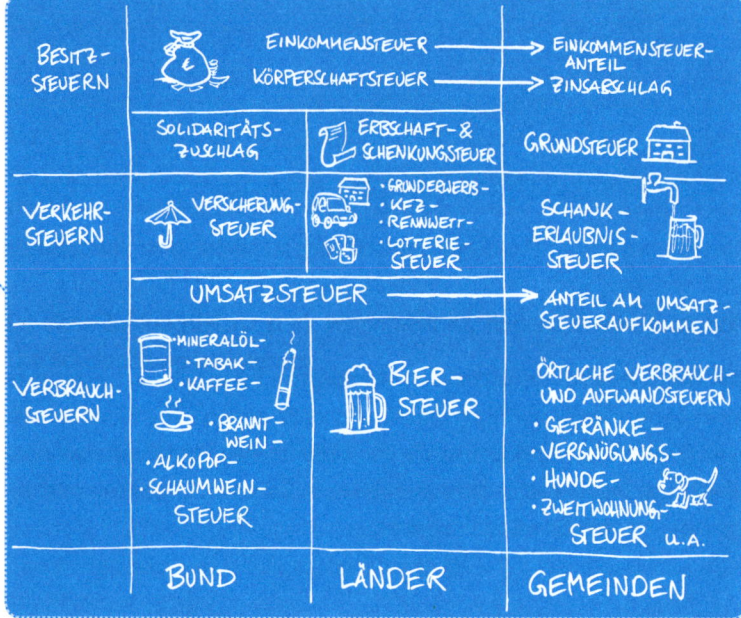

Arten der Wirtschaftspolitik 6

Wünschen Sie weitere detaillierte Informationen über unser Steuersystem, dann klicken Sie auf *www.steuerarten.de*

Wichtig für uns Ökonomen ist aber die Tatsache, dass Budgetbert über seine Einnahmenpolitik **(Steuerpolitik)** in einer Volkswirtschaft bestimmte Wirkungen erzielen kann. Die Einkommensteuer kann z.B. gesenkt werden und das bedeutet für die privaten Haushalte unter sonst gleich bleibenden Bedingungen mehr Konsum sowie steigende Umsätze bei den Unternehmen. Haushaltspolitik ermöglicht demnach eine Konjunktursteuerung.

Bei der Umsatzsteuer (Mehrwertsteuer) gibt es einen verminderten Steuersatz von 7% für Lebensmittel und einen erhöhten Steuersatz von 19%. Hier betreibt der Staat Sozialpolitik, indem er die Grundversorgung der Bevölkerung mit preislich günstigen Nahrungsmitteln ermöglicht.

Körperschaftssteuer muss nicht von Menschen mit einem schönen Körper bezahlt werden, sondern ist eine Besitzsteuer, die bei Aktiengesellschaften erhoben wird. Eine Erhöhung der Körperschaftssteuer belastet die Unternehmen, schmälert ihren Gewinn und die Investitionsbereitschaft. Niedrigere Körperschaftssteuern wiederum bieten Anreize für Innovationen und Expansion und veranlassen ausländische Unternehmen, ihren Standort im Inland zu suchen.

6 Finanzpolitik

Bei der **Ausgabenpolitik** spielt die föderative Struktur der Bundesrepublik eine wichtige Rolle, da es eine Aufgabenteilung zwischen Bund, Ländern und Gemeinden gibt.

GEBIETSKÖRPERSCHAFTEN	WICHTIGE AUSGABEN Z. B.
BUND	SOZIALE SICHERUNG (RENTEN UND ARBEITSLOSENVERSICHERUNG) BUNDESSCHULDEN VERKEHR UND VERTEIDIGUNG
LÄNDER	SCHULEN UND UNIVERSITÄTEN POLIZEI UND RECHTSPFLEGE GESUNDHEITSWESEN UND KULTUR
GEMEINDEN	WASSER UND KANAL SOZIALHILFE SCHULBAU UND KINDERGARTEN

Verfolgt man die Einnahmenpolitik und die Ausgabenpolitik in der Bundesrepublik Deutschland während der letzten Jahrzehnte, so stellt man fest, dass die Ausgaben höher waren als die Einnahmen, d.h., der Staat betreibt eine **Schuldenpolitik**. Unter Staatsverschuldung versteht man die Aufnahme von Krediten durch die Gebietskörperschaften zur Deckung der öffentlichen Ausgaben. Sie muss unter dem Gesichtspunkt der Neuverschuldung und der Gesamtverschuldung betrachtet werden.

Die **Netto-(Neu-)Verschuldung** ist der Betrag, den ein Staat in einem Haushaltsjahr neu aufnehmen muss, um sein Budget (Haushaltsdefizit) auszugleichen. Nach den **Maastricht-Kriterien** sollte die jährliche Neuverschuldung nicht höher als 3% des Bruttoinlandsprodukts betragen. Entsprechend dem deutschen Haushaltsrecht sind Neuverschuldungen so lange hinnehmbar, wie mit ihnen Investitionen finanziert werden, die Erträge abwerfen und späteren Generationen zugute kommen.

Unter **Gesamtverschuldung** versteht man den Schuldenstand, den die Gebietskörperschaften in Deutschland seit ihrem Bestehen angehäuft haben. Laut Maastricht-Kriterien sollte die Gesamtverschuldung der einzelnen Länder den Wert von höchstens 60% des Bruttoinlandsprodukts nicht überschreiten.

Arten der Wirtschaftspolitik **6**

Ein Klick auf *www.miprox.de/Schuldenuhr.html* bietet Ihnen die derzeitige Staatsverschuldung in Deutschland. Weitere Informationen finden Sie unter *www.staatsschulden.de*

Aber warum sitzt denn die Bundesrepublik auf einem so hohen Schuldenberg?

Den ersten Grund kennen Sie bereits. Es war die falsche Handhabung des nachfrageorientierten keyneschen Konzepts nach 1970: Schulden in der Depression und keine Rückzahlung in der Hochkonjunktur. Zweitens führte die Wiedervereinigung Deutschlands, die hohe Investitionen im öffentlichen und sozialen Bereich erforderlich machte, nach 1990 zu einem starken Anstieg der Ausgaben. Darüber hinaus entwickelte sich die Bundesrepublik zu einem Sozialstaat, in dem viele Sozialleistungen wie Rentenzahlungen, Arbeitslosenunterstützung usw. kreditfinanziert wurden. Den letzten großen Anstieg der **Staatsverschuldung** verursachte die Finanz- und Wirtschaftskrise von 2008/2009.

Aber wie viele Schulden darf Deutschland überhaupt machen? Hier gibt es gesetzliche und ökonomische Grenzen. Die gesetzlichen Grenzen finden sich im Art. 115 GG (Kredite des Bundes) „(1) (…) Die Einnahmen aus Krediten dürfen die Summe der im Haushaltsplan veranschlagten Ausgaben für Investitionen nicht überschreiten."

Die ökonomischen Grenzen sind von größerer Bedeutung, da es gesamtwirtschaftlich zu folgenden negativen Effekten kommen kann:

- Bei einer langfristig zunehmenden Staatsverschuldung muss ein ständig wachsender Teil der Staatseinnahmen für den Schuldendienst also für Zinsen und Tilgung ausgegeben werden. Die Folge ist, dass ein immer geringerer Teil für die staatlichen Aufgaben zur Verfügung steht.

- Eine steigende Staatsverschuldung kann auch dazu führen, dass die öffentliche Hand die staatlichen Investitionen aufbläht und die privaten Investitionen verdrängt. Im ungünstigsten Fall würden die Bürger mit uralten Autos auf modern ausgebauten Straßen fahren. Diese Verdrängungseffekte werden als **Crowding-out** bezeichnet.

- Hohe Schuldenstände bedeuten nicht nur eine steigende Geldmenge und damit Inflation, sondern erhöhen auch die Kreditzinsen und senken damit die Investitionsbereitschaft.

- Einer der schwerwiegendsten negativen Effekte der Staatsverschuldung ist die Belastung zukünftiger Steuerzahler. In den vergangenen Jahrzehnten hat jede Generation über ihre Verhältnisse gelebt und Lasten für zukünftige Generationen angehäuft.

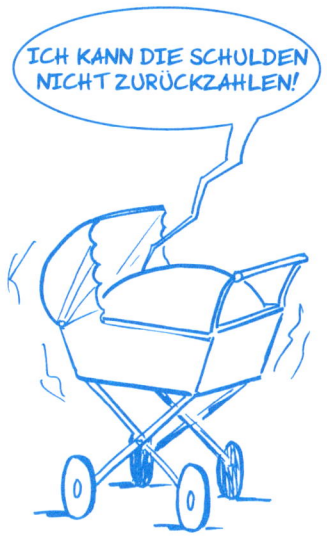

Beschäftigungspolitik

Unter Beschäftigungspolitik versteht man das gesamte Spektrum von staatlichen Maßnahmen, mit denen die Arbeitslosigkeit in einem Land bekämpft wird. Dazu gehören sowohl die nachfrageorientierte staatliche Beschäftigungspolitik, die Sie bereits kennen, wie auch die angebotsorientierte Beschäftigungspolitik, wie sie Milton Friedman vorschlägt.

Zur Beschäftigungspolitik zählt man in Deutschland noch die **Maßnahmen der Bundesagentur für Arbeit** im Rahmen ihrer Arbeitsmarktpolitik. Die Bundesagentur für Arbeit hat ihren Sitz in Nürnberg, steht unter der Rechtsaufsicht des Bundesministeriums für Arbeit und Soziales und wird vor allem durch die Sozialversicherungsbeiträge der sozialversicherungspflichtigen Beschäftigten (Arbeitnehmer und Arbeitgeber) bezahlt. Der Bund leistet allerdings finanzielle Hilfen, wenn die Mittel der Bundesagentur nicht für die Erfüllung ihrer Zahlungsverpflichtungen ausreichen.

6 Beschäftigungspolitik

Auch die Bundesagentur für Arbeit hat eine Website, nämlich *www.arbeitsagentur.de*

Zu den zentralen Aufgaben der Bundesagentur für Arbeit im Rahmen der Beschäftigungspolitik gehören:

- Beobachtung des Arbeitsmarkts in Verbindung mit der Beratung und Arbeitsvermittlung
- Zahlung von Lohnersatzleistungen, wie z.B. Arbeitslosengeld und Insolvenzgeld
- Förderung der Berufsausbildung, also berufsvorbereitende Bildungsmaßnahmen, ausbildungsbegleitende Hilfen und die Ausbildung in außerbetrieblichen Einrichtungen
- aktive Arbeitsförderung in Form von Arbeitsbeschaffungs- und Strukturanpassungsmaßnahmen

Arbeitsbeschaffungsmaßnahmen (ABM) sind bezuschusste Tätigkeiten, um Arbeitssuchende bei der Wiedereingliederung in eine Beschäftigung zu helfen oder ein geringes Einkommen zu sichern. Dazu gehören z.B. die Regelungen der „Ein-Euro-Jobs" oder der Gründerzuschuss.

Tarifpolitik

Die **Tarifpolitik** – auch Lohnpolitik oder Einkommenspolitik genannt – wird von den Tarifparteien, also den Gewerkschaften als den Vertretern der Arbeitnehmer und den Arbeitgeberverbänden als Vertretern der Arbeitgeber, gestaltet.

Die Arbeitnehmerverbände sind in einem Dachverband, dem Deutschen Gewerkschaftsbund, abgekürzt DGB, organisiert, dem acht Einzelgewerkschaften angehören. Der Spitzenverband der Arbeitgeber ist die Bundesvereinigung der Deutschen Arbeitgeberverbände, abgekürzt BDA. Diese Bundesvereinigung hat über 50 Branchenverbände und mehrere überfachliche Landesverbände. Grundlage für die Aktivitäten der Tarifparteien ist der Artikel 9 des Grundgesetzes, der den beiden **Tarifautonomie** garantiert.

Artikel 9 GG „(1) Alle Deutschen haben das Recht, Vereine und Gesellschaften zu bilden. (2)… (3) Das Recht, zur Wahrung und Förderung der Arbeits- und Wirtschaftsbedingungen Vereinigungen zu bilden, ist für jedermann und für alle Berufe gewährleistet."

Durch die Tarifautonomie ermöglicht es der Staat den Tarifpartnern, also den Gewerkschaften und den Arbeitgeberverbänden, Vereinbarungen über die Höhe der Löhne und Gehälter, aber auch über die sonstigen Arbeitsbedingungen zu treffen. Wir müssen also ab jetzt zwei Arten von

6 Tarifpolitik

Arbeitsverträgen unterscheiden. Zunächst den **Einzelarbeitsvertrag** der zwischen dem einzelnen Arbeitgeber und Arbeitnehmer geschlossen wird und Voraussetzung für jedes Arbeitsverhältnis ist, und dem **Kollektivvertrag**, der zwischen den Tarifvertragsparteien ausgehandelt wird und einheitliche Arbeitsbedingungen für ganze Berufsgruppen und Wirtschaftszweige festlegt.

Bei den Kollektivverträgen unterscheidet man den Lohn- und Gehaltstarif, der meist eine Laufzeit von ein bis zwei Jahren hat und die Höhe der einzelnen Lohngruppen enthält. Der Manteltarif gilt für eine längere Zeit und enthält Regelungen über Arbeitszeit, Urlaub und Kündigung.

Bei der Aushandlung der Tarifverträge haben die Tarifparteien unterschiedliche Zielsetzungen. Zu den konjunkturpolitisch bedeutsamen Forderungen der **Gewerkschaften** gehören:

- Höhere Löhne und Gehälter. Die Gewerkschaften wollen für ihre Mitglieder nicht nur einen Inflationsausgleich, sondern auch eine Erhöhung des Anteils am Ertrag der Volkswirtschaft. Allerdings sind sie auch bereit, über betriebsnahe Tarifverträge (Hausverträge) eine gewinnabhängige Bezahlung und eine stärkere Lohndifferenzierung nach Qualifikation und Betriebsgröße zu verhandeln.

- Die Sicherung der Arbeitsplätze. Hier stehen Themen wie flexible Arbeitszeiten, zum Teil Lohnverzicht, gesetzlicher Mindestlohn, aber auch Forderungen nach Arbeitsplatzgarantien im Vordergrund.

Arten der Wirtschaftspolitik 6

- Eine gerechte Vermögensverteilung. Um die sozialen Konflikte zu mildern, versuchen die Gewerkschaften die Benachteiligung der Arbeitnehmer bei der Vermögensbildung durch eine betriebliche bzw. überbetriebliche Vermögensbildung oder Betriebsrenten zu beseitigen.

Ausführliche Informationen zu den Gewerkschaften gibt es unter: *www.dgb.de*

Zusammenfassend streben die Gewerkschaften eine Verbesserung der Lebenssituation der unselbstständig Beschäftigten über eine Erhöhung des realen Lohnanteils am Bruttoinlandsprodukt an und betreiben damit eine **offensive Lohnpolitik**.

Es ist verständlich, dass unser Big Boss mit den Forderungen des Working Willy nicht einverstanden ist. Die **Arbeitgeberverbände** fordern eine an der Produktivität orientierte Lohnpolitik. Nach ihrer Ansicht sollen die durchschnittlichen Nominallöhne nicht mehr steigen dürfen als die Zuwachsrate der Arbeitsproduktivität. Die Arbeitsproduktivität ist das Verhältnis des realen Bruttoinlandsprodukts zur Zahl der Erwerbstätigen.

Die Internetadresse der Arbeitgeberverbände lautet: *www.bda-online.de*

6 Tarifpolitik

Unser Big Boss setzt demnach der offensiven Lohnpolitik der Gewerkschaften seine **defensive Lohnpolitik** gegenüber.

Vertiefende Anmerkungen zur Lohnpolitik finden Sie im Internet.

Die unterschiedlichen Vorstellungen der beiden Kontrahenten lösen zum Teil unterschiedlich umfangreiche Tarifkonflikte aus.

Arten der Wirtschaftspolitik 6

Die Tarifpolitik ist neben der Geldpolitik und der Finanzpolitik eine zentrale Säule der Wirtschaftspolitik, da sie über die Verteilung eines großen Teils des Inlandsprodukts entscheidet und ihre Maßnahmen Auswirkungen auf die konjunkturelle Situation in einer Volkswirtschaft haben.

Die Wirkungen der Lohnerhöhungen werden von den Tarifparteien gegensätzlich interpretiert. Für die Gewerkschaften führen Lohnerhöhungen zu Einkommenssteigerungen und ermöglichen es den Haushalten, mehr zu konsumieren. Steigende Nachfrage bringt höhere Umsätze, zunehmende Produktion und schafft Arbeitsplätze.

Für die Unternehmen haben höhere Löhne unterschiedliche Auswirkungen. Einerseits führen Lohnerhöhungen in den Betrieben zu Kostensteigerungen, die sie über Preissteigerungen an die Haushalte zurückgeben können. Man bezeichnet diese Situation als **Kosteninflation**.

6 Außenhandelspolitik

Andererseits besteht die Gefahr, dass bei ungünstiger Marktlage die Lohnerhöhungen nicht auf die Preise abgewälzt werden können und damit der Gewinn geschmälert wird. Rückläufige Gewinne bedeuten sinkende Investitionen und damit langfristig eine zunehmende Arbeitslosigkeit.

Während die Gewerkschaften behaupten, Lohnerhöhungen sind gut für die Konjunktur, vertreten die Arbeitgeber eine entgegengesetzte Meinung. Die Volkswirtschaftslehre ist darum die einzige Wissenschaft, in der zwei Professoren den Nobelpreis bekommen, auch wenn sie jeweils das genaue Gegenteil behaupten.

> Eine zusammenfassende Aufgabe finden Sie im Anhang (A6).

Außenhandelspolitik

Während die Maßnahmen der Finanz-, Beschäftigungs- und Tarifpolitik überwiegend im Inland wirken und die Geldpolitik der EZB sich auf die Europäische Union erstreckt, stehen bei der Außenhandelspolitik die Geld- und Güterströme zwischen den Ländern im Vordergrund.

> Unter **Außenhandelspolitik** versteht man alle Maßnahmen zur Beeinflussung des grenzüberschreitenden Waren- und Dienstleistungsverkehrs. Den Maßnahmen können unterschiedliche Zielsetzungen zugrunde liegen. Zum einen können protektionistische Maßnahmen ergriffen werden, d.h., der Staat regelt die grenzüberschreitenden Waren- und Dienstleistungsbewegungen. Zum anderen kann man auf staatliche Eingriffe weitestgehend verzichten und der Handel zwischen den Ländern darf sich frei entwickeln, d.h., der **Freihandel** wird gefördert.

Die Außenhandelspolitik ist Teil der Außenwirtschaftspolitik (siehe Kapitel 7) und wird von der Bundesregierung, aber auch von der Europäischen Union gestaltet.

Durch die Einführung des gemeinsamen Europäischen Binnenmarktes am 1. Januar 1993 sind in den Mitgliedsstaaten der europäischen Union die Zollschranken gefallen. Seit dem Wegfall dieser Zollkontrollen müssen zwei Arten von außenwirtschaftlichen Beziehungen unterschieden werden, der **Intrahandel** und der Extrahandel. Unter dem Intrahandel versteht man den grenzüberschreitenden Warenverkehr z.B. zwischen Deutschland und anderen Mitgliedsstatten der Europäischen Union, also z.B. Frankreich, Italien oder Spanien. Der **Extrahandel** registriert den grenzüberschreitenden Warenverkehr zwischen Deutschland und den sogenannten Drittländern, also Länder außerhalb der Europäischen Union, wie z.B. die Vereinigten Staaten oder Brasilien.

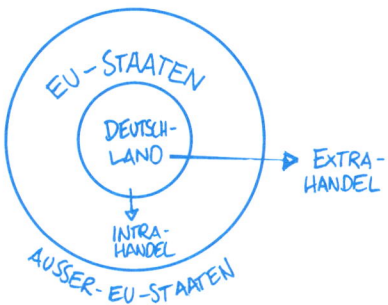

Die Maßnahmen, mit denen die Warenströme des Intra- und Extrahandels beeinflusst werden können, bestehen im Wesentlichen aus der Zollpolitik, der Kontingentpolitik und einer Reihe weiterer Maßnahmen. Im Folgenden sehen Sie einen Überblick über die möglichen Maßnahmen, von denen einige erläutert werden.

Zölle sind Abgaben, die vom Importeur einer Ware an den Staat zu entrichten sind. Meistens sind sie als Prozentsatz vom Warenwert definiert und verteuern die Ware im Inland. Da man die inländischen Anbieter

6 Arten der Wirtschaftspolitik

vor den billigeren ausländischen Konkurrenten schützt, spricht man von **Schutzzöllen**. Ein anderes Motiv für die Zollpolitik ist der **Finanzzoll**, mit dem sich der Staat zusätzliche Einnahmen verschafft.

Kontingente sind mengen- und wertmäßige Beschränkungen der Einfuhren und Ausfuhren innerhalb eines bestimmten Zeitraums. **Einfuhrkontingente** sind direkte zeitliche Beschränkungen der Einfuhrmengen für ein Importgut. **Ausfuhrkontingente** werden nur bei strategisch wichtigen Gütern im Rahmen von Rohstofflieferungen eingesetzt. Hier legt man bestimmte Exportquoten fest. Bei der **Außenwirtschaftsförderung** unterstützt die Bundesregierung die Aktivitäten deutscher Unternehmen zur Erschließung und Sicherung ausländischer Märkte, indem sie z.B. Rechtsschutz gewährt oder Investitionsschutzabkommen mit Entwicklungs- und Schwellenländern garantiert. Nicht tarifäre Handelshemmnisse liegen vor, wenn beim Abfertigungsverfahren an der Grenze durch die Vorgabe bestimmter technischer Standards, bei Gesundheitsprüfungen oder Umweltauflagen die Einfuhr behindert wird.

ARTEN DER WIRTSCHAFTSPOLITIK			
	ZIELE	TRÄGER	INSTRUMENTE
GELDPOLITIK	STABILES PREISNIVEAU	EUROPÄISCHE ZENTRALBANK	- OFFENMARKTPOLITIK - FAZILITÄTENPOLITIK - MINDESTRESERVEPOLITIK
FINANZPOLITIK	AUSGEGLICHENER HAUSHALT	BUNDES- UND LANDESREGIERUNGEN	- EINNAHMENPOLITIK - AUSGABENPOLITIK - SCHULDENPOLITIK
BESCHÄFTIGUNGSPOLITIK	HOHER BESCHÄFTIGUNGSGRAD	BUNDESAGENTUR FÜR ARBEIT	- ARBEITSBESCHAFFUNGSMASSNAHMEN - EIN-EURO-JOB - GRÜNDERZUSCHUSS
TARIFPOLITIK	VERBESSERUNG DES LEBENSSTANDARDS	GEWERKSCHAFTEN UND ARBEITGEBERVERBÄNDE	- LOHNPOLITIK
AUSSENHANDELSPOLITIK	FREIHANDEL BZW. PROTEKIONISMUS	ÜBERWIEGEND BUNDESREGIERUNG	- ZOLLPOLITIK - KONTINGENTPOLITIK - USW.

Ricardo – Freihändler der Welt

7

Internationale Wirtschaftsbeziehungen

Ricardo – Freihändler der Welt

Unser Vorarbeiter ist **David Ricardo**. Er wurde 1772 als drittes von 17 Kindern geboren. Seine Familie war aus Portugal nach England eingewandert, wo es sein Vater als Börsenmakler zu einem der reichsten Männer seiner Zeit brachte. Da er mit der Heirat seines Sohnes nicht einverstanden war, wurde David enterbt. Er las rein zufällig das Buch „The wealth of nations" von Adam Smith und von da an ließ ihn die Ökonomie nicht mehr los. Wie sein Vater brachte er es zu großem Reichtum und wurde Abgeordneter im britischen Unterhaus, wo er gegen Importbeschränkungen kämpfte. Für ihn war der Außenhandel die Quelle des Wohlstands.

7 Internationale Wirtschaftsbeziehungen

Theorie des komparativen Kostenvorteils

Die Begründung, warum der Außenhandel den Wohlstand der Länder erhöht, gab Ricardo mit seiner Theorie des komparativen Kostenvorteils, die er in dem Aufsatz „Principles of Political Economy and Taxation" (1817) veröffentlichte. In dieser Theorie beschäftigt er sich ausführlich mit den Wirtschaftsbeziehungen zwischen Portugal und England. Vereinfachend nimmt er an, dass in England und in Portugal sowohl Tuch als auch Wein hergestellt werden.

In England benötigt man 5 Arbeitsstunden, um einen Ballen Tuch herzustellen, und in Portugal sind dafür 4 Stunden notwendig. Zur Erzeugung von einem Fass Wein benötigt man in England 10 Arbeitsstunden (Sie kennen doch das Klima) und in Portugal nur 2 Stunden. Insgesamt werden von den beiden Ländern 4 Produkte hergestellt, also 2 Ballen Tuch und 2 Fässer Wein.

LÄNDER	ENGLAND		PORTUGAL	
WAREN	TUCH	WEIN	TUCH	WEIN
ARBEITS-STUNDEN	5	10	4	2
PRODUKTION	1 BALLEN	1 FASS	1 BALLEN	1 FASS
GESAMT-PRODUKTION	4 PRODUKTE			

Wie für jedermann leicht zu erkennen, stellt Portugal beide Produkte günstiger her. Es hat einen absoluten Vorteil, da es sowohl bei der Tuchproduktion wie bei der Weinerzeugung mit weniger Arbeitsstunden auskommt. Um die Sache nicht zu sehr zu verkomplizieren, führen wir keine Preise für die Produkte ein, sprechen aber trotzdem von einem **absoluten Kostenvorteil**.

Betrachten wir die Zahlen etwas genauer, so ist der Vorteil Portugals bei der Weinproduktion größer als bei der Tuchproduktion. Denn bei der Weinproduktion brauchen die Portugiesen nur ein Fünftel (2 statt 10 Stunden) der englischen Arbeitsstunden, während sie bei der Tuchproduktion vier Fünftel (4 statt 5 Stunden) benötigen. Portugal hat also einen vergleichsweise größeren Vorteil bei der Herstellung von Wein und England einen vergleichsweise kleineren Nachteil bei der Herstellung von Tuch. Der Lateiner würde statt von vergleichsweise von komparativ sprechen. Also formuliert der Ökonom: Beide Länder haben bei jeweils einem Produkt einen **komparativen Kostenvorteil**.

Dem Rat Ricardos folgend, soll sich Portugal auf die Erzeugung von Wein spezialisieren und England seine Arbeitskräfte für die Tuchproduktion einsetzen. Was hat diese Spezialisierung zur Folge? England, das bisher 15 Arbeitsstunden benötigte, um 1 Ballen Tuch und 1 Fass Wein herzustellen, kann diese 15 Arbeitsstunden für 3 Ballen Tuch verwenden, erzeugt jedoch keinen Wein. Portugal mit seinen 6 Arbeitsstunden (4 für die Tuch- und 2 für die Weinerzeugung) kann 3 Fässer Wein füllen, hat jedoch keine Tuchproduktion im Land. Durch die Spezialisierung werden statt den ursprünglich 4 Produkten nun 6 Produkte hergestellt, d.h., die Arbeitsteilung erhöht die Produktion.

LÄNDER	ENGLAND		PORTUGAL	
WAREN	TUCH	WEIN	TUCH	WEIN
ARBEITSSTUNDEN	15	—	—	6
PRODUKTION	3 BALLEN	—	—	3 FASS
GESAMTPRODUKTION	6 PRODUKTE			

Wenn nun die beiden Länder einen Teil ihrer Produkte tauschen, also Außenhandel betreiben, so zeigt sich, dass nach dem Tauschvorgang in beiden Ländern Produkte übrig bleiben. Tauscht England einen Ballen Tuch gegen ein Fass Wein, so bleiben ihm noch zwei Ballen Tuch übrig. Tauscht Portugal ein Fass Wein gegen einen Ballen Tuch, so bleiben ihm noch zwei Fässer Wein übrig.

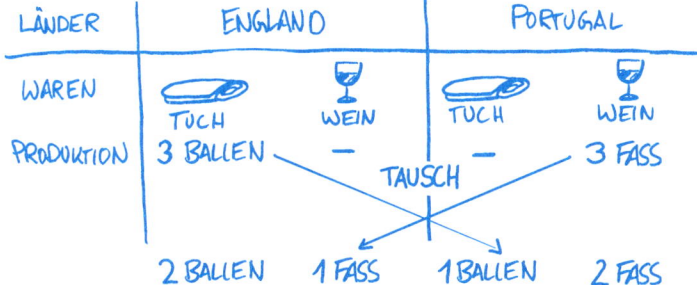

Sie sehen, England hat sein Fass Wein und sogar zwei Ballen Tuch und Portugal hat ebenfalls seinen Ballen Tuch und zwei Fass Wein. Zugegeben, die Theorie des komparativen Kostenvorteils unseres Ricardo ist ein sehr einfaches Modell und baut auf vielen Annahmen auf, wie z.B. gleich bleibende Arbeitsproduktivität, strukturelle Anpassungsfähigkeit, keine unterschiedlichen Währungen, keine Wechselkursschwankungen.

7 Freihandel und Protektionismus

Trotzdem kann eine generelle Aussage gemacht werden: Jedes Land sollte sich auf die Güter spezialisieren, die es relativ (komparativ) günstiger herstellen kann als andere Länder. Durch die Spezialisierung innerhalb einer Volkswirtschaft und den Außenhandel zwischen den Volkswirtschaften wird der Wohlstand der beteiligten Länder erhöht.

Freihandel und Protektionismus

Ricardo war ein begeisterter Anhänger des freien Handels zwischen den Volkswirtschaften, kurz Freihandel genannt. Dem Freihandel liegt der Grundsatz des Liberalismus zugrunde, also einer gesellschaftlichen Leitidee, die die freie Entfaltung des Individuums ohne irgendwelche Begrenzungen fordert. Unter **Freihandel** versteht man den völlig ungehinderten internationalen Güteraustausch und die Beseitigung der staatlichen Beschränkungen. Man will Handelshemmnisse abbauen und ähnliche wirtschaftliche Verhältnisse schaffen, wie sie in der Binnenwirtschaft gelten.

Was sind die Vorteile des Freihandels?

Freihandel fördert die **internationale Arbeitsteilung**, da nur ein völlig ungehinderter Handelsverkehr zu einer optimalen Spezialisierung zwischen den einzelnen Volkswirtschaften führt. Die Länder stellen nur die Güter her, die sie vergleichsweise am besten produzieren können, und damit steigt die Güterproduktion.

Zudem fördert der Freihandel den globalen **Wettbewerb**, da in den beteiligten Ländern die Unternehmen um Marktanteile für ihre Produkte kämpfen, die Arbeitnehmer um Arbeitsplätze konkurrieren, aber auch die Staaten gezwungen sind, für attraktive Standorte und für mobiles Kapital zu sorgen. Der Freihandel öffnet die Märkte, wodurch einerseits leistungsschwache inländische Produzenten vom Markt verdrängt werden und sich andererseits mehr Innovationen und Anpassungsflexibilität entwickeln.

Durch den internationalen Wettbewerb wird das Güterangebot in den einzelnen Ländern erweitert, die Preise der Produkte sinken und auch die Serviceleistungen sind besser. Die globalen Produktions- und Konsumverzerrungen werden abgebaut und der **Wohlstand** in den Ländern wächst.

7 Freihandel und Protektionismus

Wo Vorteile sind, gibt es natürlich auch Nachteile:

Der freie Handel zwischen den Volkswirtschaften ermöglicht die extreme Spezialisierung, wodurch einseitige Produktions- und **Wirtschaftsstrukturen** in einem Land entstehen. Ein Land, das aber nur Kaffee produziert und exportiert, ist auf „Gedeih und Verderb" vom Weltmarktpreis für Kaffee abhängig.

Eine verstärkte internationale Arbeitsteilung sorgt zwar für Produktionsüberschüsse, führt aber auch zu einer ungerechten **Güterverteilung**. Es hat sich gezeigt, dass die Anbieter von landwirtschaftlichen Produkten wie Bananen, Kakao oder Kaffee im Welthandel gegenüber den Industrieproduzenten benachteiligt werden. Freihandel ist demnach auch die zentrale Ursache, warum die Kluft zwischen den armen Entwicklungsländern und den reichen Industrieländern immer größer wird.

Die Betrachtung von Vor- und Nachteilen lässt den Schluss zu, dass der Freihandel die wirtschaftliche Effizienz der Länder und der Weltwirtschaft zwar erhöht, aber die soziale Gerechtigkeit auf der Strecke bleibt. Wie so oft in der Realwirtschaft muss zwischen Effizienz und sozialer Gerechtigkeit abgewogen werden. Wenn die Staaten den Gedanken des sozialen Ausgleichs verfolgen, dann müssen sie ihre Volkswirtschaften teilweise schützen und protektionistische Maßnahmen ergreifen.

Internationale Wirtschaftsbeziehungen 7

Unter **Protektionismus** versteht man alle staatlichen Eingriffe, die den grenzüberschreitenden Waren- und Dienstleistungshandel, also den Freihandel, behindern. Freihandel und Protektionismus sind also wie zwei verfeindete Geschwister. Zu den protektionistischen Maßnahmen gehören alle Arten von Handelshemmnissen, wie z.B. Zölle, Einfuhrkontingente oder die Devisenbewirtschaftung. Durch diese Handelshemmnisse werden ausländische Anbieter auf dem Inlandsmarkt benachteiligt und die inländische Wirtschaft vor der ausländischen Konkurrenz abgeschirmt.

Die Gründe, warum Länder zu protektionistischen Maßnahmen greifen, sind vielfältig:

Entwickeln sich in einem Land neue (junge) Branchen, die dem weltweiten Wettbewerbsdruck noch nicht standhalten, so kann man diese Wirtschaftsbereiche (auch **infant industry** genannt) z.B. durch Zölle schützen. Aber auch alten Industrien, die sich nicht mehr behaupten können, ermöglicht die Protektion einen sozialverträglichen strukturellen Umbau. Neben diesem vorübergehenden Schutz können bestimmte heimische Wirtschaftsbereiche, wie z.B. die Landwirtschaft, permanent gegenüber ausländischer Konkurrenz geschützt werden.

7 Freihandel und Protektionismus

Ein Land kann z.B. durch die Erhebung von Zöllen die Importe von Waren verteuern. Dadurch kaufen die Inländer weniger ausländische Produkte und fragen mehr heimische Güter nach. Diese Nachfrageverschiebung sorgt für einen stärkeren Umsatz der inländischen Industrie und in der Folge zu einem Abbau der **Arbeitslosigkeit**.

Vor allem Importzölle bereiten dem Finanzminister eines Landes viel Freude, da sie eine **zusätzliche Einnahmequelle** für den Staatshaushalt darstellen. Gleichzeitig benötigen die heimischen Betriebe und Bürger weniger ausländisches Geld, um Waren im Ausland zu kaufen.

Ebenso wie der Freihandel bringt auch der Protektionismus einige Probleme mit sich:

Wird z.B. die Einfuhr von Vorprodukten wie Kohle oder Stahl durch Zölle verteuert, so verschlechtern sich automatisch die Exportchancen der Wirtschaftszweige (z.B. Maschinenbau), die auf diese Güter angewiesen sind. Der kurzfristige Schutz der Arbeitsplätze in einem Industriezweig kann langfristig zu einer Verschlechterung der Arbeitsplatzsicherheit in anderen Branchen führen. **Kurzfristige Erfolge werden also langfristig teuer erkauft.**

Darüber hinaus begrenzt die Verteuerung der importierten Waren die Auswahlmöglichkeiten des Verbrauchers, der **Wettbewerbsdruck im Inland wird geringer** und die Qualität sinkt. Wird die ausländische Konkurrenz ausgesperrt, fehlt ein wichtiger Antrieb für Innovationen und technische Neuerungen.

> Insgesamt verursacht der Protektionismus gesamtwirtschaftliche Kosten, die größer sind als die Vorteile für die geschützten Wirtschaftsbereiche. Darüber hinaus muss ein Land, das protektionistische Maßnahmen ergreift, immer damit rechnen, dass die anderen Länder ebenfalls solche Maßnahmen ergreifen. Nach dem Grundsatz „Wie du mir, so ich dir" handeln manchmal nicht nur Menschen, sondern auch Länder.

Flexible und starre Wechselkurse

Gleichgültig, ob ein Land mehr Freihandel betreibt oder protektionistische Maßnahmen ergreift, die grenzüberschreitenden Güterströme erfordern gemeinsame Regelungen bei den Geldströmen. Bleiben wir bei unserem Wein-Tuch-Tausch zwischen England und Portugal. Zurzeit des Ricardo galt in England das Pfund als Währungseinheit und in Portugal konnte man mit Real (Mehrzahl Reis) einkaufen.

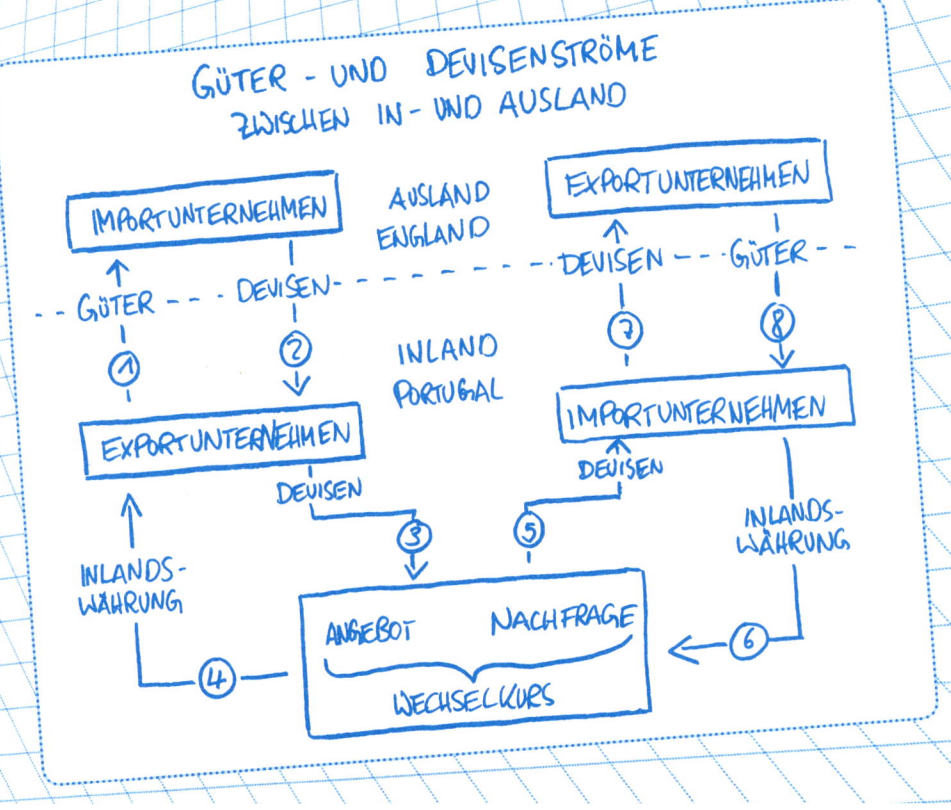

Versetzen wir uns zunächst in die Lage des portugiesischen Weinexporteurs. Er verkauft ein Fass seines besten Portweins an ein englisches Weinimportunternehmen (1) und erhält dafür z.B. 10 Pfund als Bezahlung zugesandt (2). Allgemein formuliert, verkauft ein inländisches Exportunternehmen Güter ins Ausland, so erhält es von seinem Geschäftspartner ausländisches Geld, auch Devisen genannt (3).

Unter **Devisen** versteht man auf inländische Währung lautende und im Ausland zahlbare Überweisungen, Schecks und Wechsel. Im allgemeinen Sprachgebrauch rechnet man zu den Devisen auch die Sorten, das sind die ausländischen Banknoten und Münzen. Wenn Sie also nach Tschechien reisen wollen und sich bei Ihrer Bank Kronen holen, so haben Sie Sorten in Händen.

Unser inländischer Weinexporteur kann aber mit seinen 10 Pfund in Portugal nichts anfangen. Also nehmen wir an, in Lissabon gibt es eine Stelle, bei der man Pfund in einheimische Real tauschen kann. Wir bezeichnen diese Stelle als Devisenbörse. Der portugiesische Winzer fährt also nach Lissabon an die Devisenbörse, tauscht seine 10 Pfund in z.B. 20 Reis um und kann damit seine Traubenpflücker bezahlen. (4)

Bis jetzt befindet sich zwar ein Fass Wein in England, aber noch kein Ballen Tuch in Portugal. Hierzu benötigen wir ein portugiesisches Importunternehmen, das aus England einen Ballen Tuch bezieht. Bevor der Textilhändler in Portugal seinen Ballen in England kaufen kann, muss er sich zunächst an der Devisenbörse englische Pfund beschaffen. (5) Der Einfachheit halber legt er 20 Reis Inlandswährung hin (6) und erhält 10 englische Pfund. Während die Exportunternehmen ausländische Währung anbieten, fragen die inländischen Importunternehmen diese Devisen nach.

Der Ort, an dem Angebot und Nachfrage nach Devisen aufeinandertreffen, ist die Devisenbörse.

7 Flexible und starre Wechselkurse

Hier bildet sich der Devisenkurs, in unserem Fall entsprechend 1 Pfund = 2 Reis. Der Devisenkurs ist also der Preis einer ausländischen Währung ausgedrückt in heimischer Währung. Statt von Devisenkurs wird auch von **Wechselkurs** gesprochen, da früher vorwiegend mit Auslandswechsel gehandelt wurde.

Unser Tuchimporteur in Portugal hat seine 10 Pfund und bezahlt mit diesem Geld sein englisches Exportunternehmen. (7). Nachdem der Brite das Geld erhalten hat, verstaut er einen Ballen Tuch auf dem nächsten Schiff in Richtung Portugal und nach dessen Ankunft sind alle glücklich. (8). Für stark interessierte Ökonomen: Man kann den Tausch auch vom Standpunkt Englands und der englischen Devisenbörse aus erläutern. Probieren Sie es doch!

Bei der Devisenbörse handelt es sich um einen vollkommenen Markt, bei dem das Devisenangebot der Exporteure und die Devisennachfrage der Importeure aufeinandertreffen. Zur grafischen Darstellung benötigen wir ein Koordinatensystem mit Wechselkurs, Devisenmenge, Devisenangebot und Devisennachfrage. Wie immer gehen wir zunächst von einer Gleichgewichtssituation K_0, M_0 aus, also 1 Pfund = 2 Reis.

Welcher Wechselkurs wird sich in Portugal bilden, wenn die Briten verstärkt von Whisky auf Portwein umsteigen und mehr Rebensaft nachfragen? Durch den zunehmenden Verkauf von Wein nach England fließen den portugiesischen Exportunternehmen mehr ausländische Devisen zu. Die Weinexporteure bieten ihre Pfund natürlich an der Devisenbörse an. Ein steigendes Angebot führt unter sonst gleich bleibenden Bedingungen zu einem sinkenden Wechselkurs. Der Pfundkurs in Portugal sinkt von K_0, M_0 auf K_1, M_1. In konkreten Zahlen, der portugiesische Exporteur bekommt für ein Pfund vielleicht nur noch einen Real, statt bisher zwei.

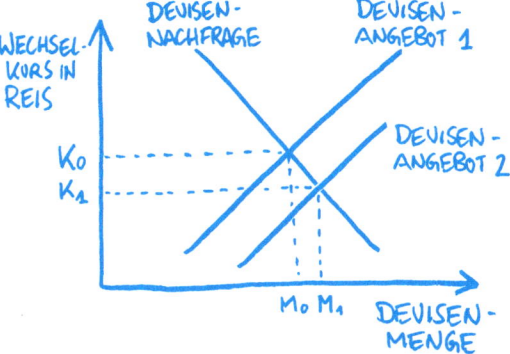

Andererseits ist es auch möglich, dass die Portugiesen die Strapazierfähigkeit des englischen Tuchs entdecken und größere Mengen kaufen. Eine erhöhte Nachfrage nach englischem Tuch bedeutet für die portugiesischen Tuchimporteure eine verstärkte Nachfrage nach Pfund und damit steigt der Wechselkurs z.B. auf 1 Pfund = 3 Reis. Überlässt man die Entwicklung der Wechselkurse dem freien Spiel der Marktkräfte, so spricht man von flexiblen Wechselkursen, auch freie Wechselkurse genannt.

Freie Wechselkurse werden durch das Angebot und die Nachfrage auf dem Devisenmarkt bestimmt und es erfolgt keinerlei Einflussnahme durch eine Notenbank.

Zwischen dem Euroland und den Vereinigten Staaten besteht ein solcher freier Wechselkurs. Wenn Sie den exakten Dollarkurs wissen wollen, dann klicken Sie auf *www.finanzen.net/devisen/dollarkurs*

7 Flexible und starre Wechselkurse

Freie Wechselkurse haben den Vorteil, dass es zu einem automatischen Ausgleich zwischen den Zahlungsströmen der Partnerländer kommt. Allerdings ist der große Nachteil, dass sich die Wechselkurse ständig ändern und eine mittel- oder gar langfristige Kalkulation nicht möglich ist.

Um diesen Nachteil zu mindern, gibt es das System der **festen Wechselkurse**, auch starrer Wechselkurs genannt. Bei diesem Wechselkurssystem müssen die beiden Länder ein festes Austauschverhältnis zwischen den Währungen vereinbaren, also z.B. 1 Pfund = 2 Reis. Dieser festgelegte Kurs wird als **Paritätskurs** bezeichnet.

SIE KENNEN DEN BEKANNTESTEN FAST-FOOD-ARTIKEL EINER WELTWEIT AGIERENDEN IMBISSKETTE. DER HAMBURGER WIRD IN 120 LÄNDERN MIT DEN 10 GLEICHEN ZUTATEN PRODUZIERT UND UNTERSCHEIDET SICH NUR DURCH DEN PREIS. KOSTET DER HAMBURGER Z.B. IN USA 1 DOLLAR UND IN TSCHECHIEN 20 KRONEN, SO KANN MAN DAS AUSTAUSCH-VERHÄLTNIS FESTLEGEN. DEN BEGRIFF HAMBURGER-PARITÄT (AUCH BIG-MAC-INDEX GENANNT) BRAUCHEN SIE SICH NICHT UNBEDINGT ZU MERKEN.

SIND SIE SCHON WIEDER BEIM FUTTERN?

NEIN, ICH BESTIMME DEN PARITÄTSKURS.

Da sich die angebotenen und nachgefragten Devisenmengen bei diesem fixierten Paritätskurs selten einpendeln, vereinbaren die Notenbankchefs, geringe Schwankungen des Wechselkurses von z.B. +/– 1 % zuzulassen. Verlässt der Wechselkurs den Schwankungsbereich (Bandbreite), so müssen die Zentralbanken intervenieren, also ausländische Währung kaufen oder verkaufen. Liegt ein langfristiges wirtschaftliches Ungleichgewicht zwischen den Wechselkursen vor, so muss der Paritätskurs geändert werden und man spricht von einer Auf- bzw. Abwertung.

Dieser komplizierte Zusammenhang wird Ihnen schrittweise und leicht verständlich im Internet erklärt.

Zahlungsbilanz

Wenn Länder außenwirtschaftliche Beziehungen unterhalten, dann wollen sie natürlich wissen, wie sich diese entwickeln. Vor allem will man wissen, wie viele Waren und Dienstleistungen die Grenzen überschreiten, ob diese Gütertransaktionen auch bezahlt werden, ob das Partnerland Schulden macht und wie viele Devisenreserven sich bei der Zentralbank angehäuft haben. Diese Aufzeichnungen erfolgen in der Zahlungsbilanz.

> Unter der **Zahlungsbilanz** eines Landes versteht man eine – nach bestimmten Gesichtspunkten gegliederte – Aufzeichnung der ökonomischen Transaktionen, die in einer abgelaufenen Periode (z.B. eines Jahres) zwischen Inländern und Ausländern stattgefunden haben.

7 Zahlungsbilanz

Aufgrund der Vielzahl an Transaktionen wird die Zahlungsbilanz in die **Leistungsbilanz** und die **Kapitalbilanz** unterteilt, die wiederum in weitere Teilbilanzen zerfallen. Daneben enthält sie noch Vermögensübertragungen, Veränderungen der Währungsreserven und Restposten. Die folgende Zahlungsbilanz ist stark verkürzt.

ZAHLUNGSBILANZ (STARK VEREINFACHT)

	AKTIVSEITE	PASSIVSEITE	BEISPIELE (AKTIVA)
1. LEISTUNGSBILANZ			
HANDELSBILANZ	WARENEXPORT	WARENIMPORT	VERKAUF VON MASCHINEN NACH INDIEN
DIENSTLEISTUNGSBILANZ	DIENSTLEISTUNGSEXPORTE	DIENSTLEISTUNGSIMPORTE	EIN JAPANER BEREIST BAYERN
BILANZ DER ERWERBS- UND VERMÖGENSEINKOMMEN	EMPFANGENE EINKOMMEN	GELEISTETE EINKOMMEN	ZINSERTRÄGE AUS US-WERTPAPIEREN
BILANZ DER LAUFENDEN ÜBERTRAGUNGEN	EMPFANGENE ÜBERTRAGUNGEN	GELEISTETE ÜBERTRAGUNGEN	RENTE FÜR AUSLÄNDER IN DER BRD
2. BILANZ DER VERMÖGENSÜBERTRAGUNGEN			
	EMPFANGENE VERMÖGENSÜBERTRAGUNGEN	GELEISTETE VERMÖGENSÜBERTRAGUNGEN	ERBSCHAFTEN VOM AUSLAND
3. KAPITALBILANZ			
BESTEHT AUS DEN UNTERBILANZEN: BILANZ DER DIREKTINVESTITIONEN, WERTPAPIERBILANZ, BILANZ DES KREDITVERKEHRS			
4. DEVISENBILANZ			
	DEVISENEXPORTE	DEVISENIMPORTE	DEUTSCHLAND VERKAUFT GOLDRESERVEN

Da diese Zahlungsbilanz stark vereinfacht ist, finden Sie eine ausführliche Beschreibung im Internet.

Darüber hinaus gibt es noch eine Übungsaufgabe im Anhang (A7).

Internationale Wirtschaftsbeziehungen

Globalisierung – Gewinner und Verlierer

Die zunehmende internationale Arbeitsteilung zwischen den Ländern hat den Vorgang der Globalisierung verstärkt. Unter Globalisierung versteht man einen Prozess, der die nationalen Grenzen überwindet, eine internationale Arbeitsteilung beinhaltet und zur Ausweitung wirtschaftlicher, technischer, wissenschaftlicher, aber auch kultureller Beziehungen zwischen Ländern bzw. Kontinenten führt.

Die **Ursachen** für den Prozess der Globalisierung sind vielfältig:

Der **technische Fortschritt**, vor allem bei den modernen Informations- und Kommunikationssystemen, ermöglicht internationale Aktivitäten ohne nennenswerte Zeit- und Informationsverluste. Der Prozess der Marktöffnung für Waren, Dienste und Geld wurde durch Innovationen im Bereich der Mikroelektronik, der Telekommunikation und der Optoelektronik stark beschleunigt.

Politische Veränderungen führten zu einer weitgehenden Aufhebung der Ländergrenzen und einer Deregulierung der nationalen Märkte. Vor allem der Zusammenbruch des Ostblocks überwand die Konkurrenz zweier Gesellschaftssysteme und ließ einen weltweiten Kampf um wirtschaftliche Markanteile entbrennen.

7 Globalisierung – Gewinner und Verlierer

Internationale Institutionen und Vereinbarungen wie z.B. die Welthandelsorganisation, die Weltbank oder der Internationale Währungsfonds erleichtern ebenfalls die weltweiten Handelsbeziehungen.

Sinkende Transportkosten und ein **Lohngefälle** zwischen den Ländern begünstigen multinationale Konzerne und in der Folge die Verlagerung der Produktionsstandorte und die Auslagerung von Unternehmensbereichen (Outsourcing).

Die Herausbildung **internationaler Kapitalmärkte**, die unabhängig von nationalen Zwängen sind, ermöglichen es jedermann, seine finanziellen Mittel dort einzusetzen, wo sie den meisten Ertrag bringen, d.h. weltweit zu investieren.

Der Prozess der Globalisierung stößt nicht überall auf ungeteilte Zustimmung. Er hat nicht nur Befürworter, sondern auch Gegner und neben Gewinnern auch Verlierer.

Die Befürworter sind der Meinung, dass das Lohngefälle zwischen den Hochlohnländern wie z.B. Deutschland und den Billiglohnländern wie Tschechien, Polen oder die Ukraine zu einer steigenden Beschäftigung vor allem von minder qualifizierten Arbeitskräften in den **Billiglohnländern** führt. Andererseits entstehen in den Industrieländern zunehmend hoch qualifizierte Arbeitsplätze und das Bildungssystem wird in diesen Ländern immer wichtiger. Bildhaft dargestellt befindet sich das Ingenieurbüro in Deutschland und die Werkbank im billigen Ausland. Hans-Werner Sinn hat in seinem Buch „Ist Deutschland noch zu retten?" diesen Strukturwandel als **„Basar-Ökonomie"** bezeichnet.

Die Gewinner der Globalisierung sind also vor allem die bereits wohlhabenden Industriestaaten, in zunehmendem Maße aber auch die Schwellen- und Transformationsländer. **Schwellenländer** werden auch als „take-off-countries" bezeichnet, da sie die typischen Strukturmerkmale eines Entwicklungslandes überwunden haben und sich auf dem Weg zur Industrienation befinden. Solche Länder sind z.B. Mexiko, Brasilien, Südafrika oder Indien. **Transformationsländer** sind die ehemaligen Länder Mittel- und Osteuropas sowie deren Nachfolgestaaten, die sich im Übergang von der Zentralverwaltungswirtschaft in die marktwirtschaftliche Ordnung befinden.

7 Globalisierung – Gewinner und Verlierer

Die Gegner der Globalisierung vertreten die Ansicht, dass zwar Arbeitsplätze für Ungelernte und Angelernte in den Billiglohnländern entstehen, aber auch die Chancen auf eine Beschäftigung für Geringqualifizierte in den **Hochlohnländern** sinken. Die Folge ist z.B. für Deutschland, dass es eine relativ hohe Arbeitslosenquote bei Arbeitskräften ohne Berufsausbildung gibt.

Durch die Möglichkeit der multinationalen Konzerne, die günstigsten Standorte aufzusuchen, entziehen sich diese immer mehr dem staatlichen Einfluss und unterliegen keiner wirksamen gesellschaftlichen Kontrolle mehr. Die Wirkung der staatlichen Maßnahmen, z.B. der Steuer- und Umweltpolitik in einem Land, wird damit zunehmend abgeschwächt. Zudem besteht die Gefahr internationaler Finanzkrisen. Die Finanzkrise 2008/2009 belegt eindeutig, dass von den internationalen Geldmärkten, die den staatlichen Einflüssen weitestgehend entzogen sind, sehr große Gefahren für die Weltwirtschaft ausgehen.

Eine steigende Industrieproduktion erhöht den Rohstoff- und Energieverbrauch, erfordert zunehmende Transportleistungen und schädigt damit die Atmosphäre und das Weltklima. Abschmelzende Polkappen, ein Anstieg des Meeresspiegels der Weltmeere und zunehmende Umweltprobleme sind Folgen der internationalen Arbeitsteilung.

Die Globalisierung verstärkt die Kluft zwischen Arm und Reich, da die Industrienationen die Weltmarktpreise für Rohstoffe, Nahrungsmittel und hochwertige Güter diktieren und die armen Länder dies akzeptieren müssen. In den Entwicklungsländern leiden Millionen Menschen Hunger, Kinder wachsen in Armut auf und die sozialen Sicherungssysteme sind unzureichend. Darüber hinaus leben sie meist noch in Regionen, die von Umweltkatastrophen stark belastet sind. Um eine gerechtere Welt zu schaffen und den Globalisierungsprozess zu bremsen, wurde 1998 in Frankreich die Organisation **attac** (association pur une taxation des transactions financieres pour l'aide aux citoyens) gegründet, die vor allem eine Besteuerung der Finanztransaktionen (Tobinsteuer) und eine gerechtere Vermögensverteilung anstrebt.

Wissenswertes über die attac-Organisation gibt es unter *www.attac.de*

> Die **Theorie des komparativen Kostenvorteils** belegt die wohlstands- fördernde Wirkung der internationalen Arbeitsteilung. Ein Land sollte sich auf die Güter spezialisieren, die es relativ (komparativ) günstiger herstellen kann.
>
> Unter **Freihandel** versteht man den völlig ungehinderten internationalen Güteraustausch und die Beseitigung aller staatlichen Beschränkungen. Der Protektionismus verlangt staatliche Eingriffe, die den Freihandel behindern wie z.B. Zölle, Kontingente oder die Devisenbewirtschaftung.
>
> Bei den Wechselkurssystemen gibt es den **flexiblen Wechselkurs**, bei dem die Zentralbank keinerlei Einfluss auf die Devisenbörse ausübt. Bei den **starren Wechselkursen** werden Paritätskurse festgelegt und die extremen Kursschwankungen durch Maßnahmen der Zentralbank beeinflusst.
>
> Die **Zahlungsbilanz** erfasst die ökonomischen Transaktionen, die zwischen Inländern und Ausländern in einem Jahr stattgefunden haben.
>
> Unter **Globalisierung** versteht man den Prozess der internationalen Arbeitsteilung, der zu einer Ausweitung der wirtschaftlichen, technischen, wissenschaftlichen und kulturellen Beziehungen zwischen den Ländern führt.

Billy wagt es

Betriebswirtschaftslehre
Billy wagt es

Für seine Besprechungen mit Miss Ökonomia bräuchte unser Billy Bargain einen modernen Rucksack, der nicht nur seinen Laptop, seine Bücher und Skripte aufnimmt, sondern auch Fächer für eine wetterfeste Kapuze, Getränke, Pausenbrot, MP3-Player, Handy und Taschenlampe enthält. Am besten sollte er eine Solarzelle mit Speichereinheit haben, um die Elektrogeräte mit Strom zu versorgen und nachts den Rucksack beleuchten zu können. Billy weiß, dass viele seiner Altersgenossen so einen Multirucksack ebenfalls gerne hätten. Aber es gibt ihn noch nicht. Billy hat die zündende Idee.

Betriebswirtschaftslehre 8

Er will Unternehmer werden und auf dem Gebiet der Spezialrucksäcke ein wettbewerbsstarkes Produkt herstellen, das für seine Kunden von höchstem Nutzen ist. Aber dazu benötigt er grundlegende Kenntnisse der Betriebswirtschaftlehre.

> Die Betriebswirtschaftslehre befasst sich nämlich mit den Zusammenhängen und Gesetzmäßigkeiten in den Unternehmen und liefert Erkenntnisse über betriebliche Strukturen und Prozesse. Sie ist neben der Volkswirtschaftslehre der zweite wichtige Bereich der Wirtschaftswissenschaften.

8 Unternehmensziele

Unternehmensziele

Bevor Billy seinen Betrieb gründet, macht er sich mit Ökonomia grundlegende Gedanken über die Zielsetzungen seines Unternehmens. Er geht der Frage nach: „Was ist der Zweck meines Geschäfts?" Er will die Marktlücke, die seiner Meinung nach beim Transport von Lerngeräten besteht, füllen und Marktführer auf dem Gebiet der Spezialrucksäcke für Schüler und Studenten werden. Um diese Oberziele zu erreichen, müssen mehrere Zwischenziele angestrebt werden:

Ökonomische Ziele

Die zentrale Zielsetzung eines jeden Unternehmens ist es, einen Gewinn zu erwirtschaften. Der **Gewinn** entsteht, wenn der Verkauf der Produkte zu höheren Einnahmen führt als die Aufwendungen für Materialien, Arbeitskräfte und Maschinen ausmachen. Das mittel- und langfristige Ziel der **Rentabilität** seines eingesetzten Kapitals steht bei ihm an oberster Stelle. Billy darf dabei das kurzfristige Ziel der Liquidität ebenfalls nicht aus dem Auge verlieren. Unter **Liquidität** versteht man die Fähigkeit, seinen Zahlungsverpflichtungen jederzeit nachzukommen. Mögliche weitere ökonomische Ziele sind neben der Gewinnmaximierung auch die Existenzsicherung, das Streben nach **Wachstum** des Unternehmens und die Steigerung des Marktanteils.

Ökologische Ziele

Zu den ökologischen Zielen eines Unternehmens gehören z.B. Energieeinsparung, Müllvermeidung, Begrenzung von Emissionen, aber auch intelligente Recyclingmethoden und die Vermeidung von Lärm. Für die Herstellung von Rucksäcken bedeutet dies, einen robusten, langlebigen und wetterfester Stoff zu verwenden, der leicht zu recyceln ist. Zudem ist bei der Produktion auf eine möglichst geringe Emission von Schadstoffen zu achten und der Energieverbrauch so weit wie möglich zu drosseln.

Soziale Ziele

Die sozialen Ziele umfassen die Entwicklung und die Erhaltung des sozialen Friedens im Unternehmen. Dazu gehören z.B. eine gerechte Entlohnung, aber auch zusätzliche soziale Leistungen wie Sparprämien oder ein gutes Betriebsklima. Billy will zunächst nur wenige Arbeitskräfte einstellen. Als Boss seiner Firma ist es jedoch sein Anliegen, dass seine Mitarbeiter gerne bei ihm arbeiten und stolz auf ihren Arbeitsplatz sind.

Standortfaktoren

8 Standortfaktoren

Die Entscheidung über den Standort eines Unternehmens ist von nachhaltiger Wirkung, da sie den Betrieb und seine Entwicklung langfristig festlegen. Wie Sie wissen, gehört die Gewinnerzielung zu den zentralen Anliegen eines Betriebs und die Wahl des Standorts hat diese Zielsetzung ebenfalls zu berücksichtigen. Ein **Standort** ist dann besonders günstig, wenn an ihm möglichst viele Faktoren zusammentreffen, die den betrieblichen Aufwand gering halten und den Ertrag positiv beeinflussen. Man bezeichnet diese Einflussgrößen als **Standortfaktoren**, wobei man zwischen den harten und den weichen Faktoren unterscheidet.

Harte Standortfaktoren haben einen direkten Einfluss auf die Gewinnsituation eines Unternehmens. So ein harter Faktor ist z.B. die Verkehrsanbindung eines Betriebes, da sie die Transportkosten beeinflusst. Unternehmen, die ihren Sitz bevorzugt an Straßen, Bahnlinien, Häfen und Flugplätzen suchen, bezeichnet man als **verkehrsorientiert**.

Arbeitsorientierte Betriebe legen ihren Produktionsstandort meist in Länder, in denen die Lohnkosten sehr niedrig sind, wie z.B. die Textilindustrie. Unternehmen, die ein qualifiziertes Fachpersonal benötigen, bevorzugen Großstädte

Die Besteuerung, aber auch die staatlichen Subventionen und die Grundstückspreise sind von Region zu Region und von Land zu Land unterschiedlich. Betriebe, die ihren Standort nach den Steuern und den Abgaben richten, sind **abgabenorientiert**.

Vor allem Betriebe, die bei der Produktion durch Lärm, Abgas und Abwasseremission eine starke Belastung für die Umwelt darstellen, suchen einen Standort, an dem die Vorschriften und Auflagen nicht sehr streng sind. Sie sind in ihrer Standortwahl **auflagenorientiert**. Andere Betriebe, wie z.B. die Konservenindustrie, wählen ihren Standort dort, wo die Rohstoffe vorhanden sind, d.h., sie sind **rohstofforientiert**.

Zu den weichen Standortfaktoren gehören z.B. die Freizeitmöglichkeiten oder das Kultur- und Bildungsangebot. Diese Faktoren werden bei der Anwerbung von qualifizierten Mitarbeitern immer wichtiger. Ebenso zählen zu den weichen Faktoren die Kooperationsbereitschaft der Behörden, die Qualität der Umwelt oder die medizinische Versorgung und das Image des Standorts. Selbstverständlich können diese Faktoren nicht direkt in die Kostenrechnung einfließen; sie werden aber immer wichtiger.

Rechtsformen

8 Rechtsformen

Wer ein Unternehmen gründet, muss eine bestimmte Rechtsform wählen. Bei der **Einzelfirma** besteht der Firmenname meist aus dem Namen des Inhabers ergänzt um die Abkürzung e. K., aber auch e. Kfm. bzw. e. Kfr. (eingetragener Kaufmann bzw. Kauffrau). Diese Rechtsform bietet für Billy viele Vorteile, da er bei der Gründung kein Mindestkapital benötigt und nur minimale Gründungskosten hat. Da er „klein anfängt", reicht als Startkapital ein Teil seines Privatvermögens. Er ist alleiniger Eigentümer des Unternehmens und verfügt damit über den größtmöglichen Gestaltungsspielraum. Und vor allem braucht er seinen Gewinn mit niemandem zu teilen.

Aber wo es Vorteile gibt, existieren auch Nachteile. Auf Billy lastet die gesamte Verantwortung und die Arbeitsbelastung kann erheblich sein. Zudem haftet er gegenüber seinen Schuldnern mit dem gesamten Vermögen, d.h. mit seinem Geschäftsvermögen und mit seinem Privatvermögen, und im Falle eines Verlusts hat er diesen ebenfalls allein zu tragen.

Nehmen wir einmal an, der Billybag wird zum Renner und schon nach kurzer Zeit muss Billy seine Produktion erweitern, um die Nachfrage zu bedienen. Dazu benötigt er größere Produktionsräume, mehr Maschinen und natürlich zusätzliche Arbeitskräfte. Aber wie soll er das finanzieren? Seine freien privaten Mittel sind bereits verbraucht.

Die Rechtsform der OHG gehört zu den Personengesellschaften, bei denen sich mindestens zwei Personen zusammenschließen und unter dieser gemeinsamen Firma ein Handelsgewerbe betreiben. Der Firmenname muss die Bezeichnung **„Offene Handelsgesellschaft"** (OHG) enthalten. Ein möglicher Firmenname wäre „Bargain Ökonomia OHG". Beide Gesellschafter sind zur Leitung des Unternehmens berechtigt und verpflichtet. Details der Leitungsbefugnis ebenso wie die Gewinn- und Verlustverteilung werden in einem Gesellschaftsvertrag geregelt. Der Vorteil dieser Rechtsform liegt vor allem darin, dass durch die Aufnahme eines Gesellschafters dem Unternehmen zusätzliches Eigenkapital zugeführt wird und die Banken eher einen Kredit gewähren. Nachteilig ist jedoch, dass die Gesellschafter unbeschränkt und unmittelbar haften. Unbeschränkt bedeutet, Billy muss wie beim Einzelunternehmen mit seinem Geschäfts- und Privatvermögen haften und unmittelbar heißt, dass z.B. Ökonomia auch für die Geschäftsabschlüsse von Billy eintreten muss.

Die Rechtsform der **Kommanditgesellschaft** (KG) besteht ebenfalls aus mindestens zwei Gesellschaftern, wobei hier unterschieden wird in Vollhafter, auch **Komplementär** genannt, und Teilhafter, den man als **Kommanditisten** bezeichnet. Der typische Firmenname wäre „Billy Bargain KG". Der Komplementär, also unser Billy, haftet wie ein OHG-Gesellschafter unmittelbar und unbeschränkt. Bei unserer Ökonomia wird die Haftung jedoch auf ihre **Kapitaleinlage** beschränkt. Im Falle einer Insolvenz verliert sie ihr Privatvermögen nicht. Billy ist der Boss der Firma und Ökonomia erhält ihren Gewinnanteil; es könnte aber auch ein Verlust sein.

Bei der **Gesellschaft mit beschränkter Haftung** (GmbH) haften die Gesellschafter lediglich mit ihrer Kapitaleinlage und das Privatvermögen bleibt unberührt. Mögliche Firmennamen wären z.B. Bargain GmbH oder Billybag GmbH. Zur Gründung einer GmbH sind einer oder mehrere Gesellschafter erforderlich, zudem ein **Stammkapital** von mindestens 25.000,00 € und ein notariell bekundeter Vertrag. Zudem gibt es noch die „Unternehmergesellschaft" (haftungsbeschränkt), die nur eine Ein-Euro-Mindesteinlage erfordert.

Leitungsbefugnis haben ein oder mehrere Geschäftsführer, die allerdings nicht Gesellschafter sein müssen. Die Gesellschafterversammlung kontrolliert die Arbeit der Geschäftsführer und entscheidet über die Erfolgsverteilung. Unser Billy könnte also den Geschäftsführer machen und mit den anderen Gesellschaftern zusammen die Stammeinlage halten. Er könnte sich aber auch zurückziehen und einen fähigen Geschäftsführer einstellen.

Um das umfangreiche Kapital für ein großes Unternehmen zu beschaffen, muss man eine **Aktiengesellschaft** (AG) gründen. Bei einer Aktiengesellschaft wird das Eigenkapital, das man hier als Grundkapital bezeichnet, in Aktien zerlegt, die an der Börse erworben werden können. Aktien sind demnach Wertpapiere, die einen Anteil an einem Unternehmen verbriefen. Auf diese Weise kann durch kleine Anteilsscheine ein großes Vermögen zusammengetragen werden. An der Gründung einer AG müssen sich eine oder mehrere Personen beteiligen, die die Aktien übernehmen, und das **Grundkapital** beträgt mindestens 50.000,00 €. Die AG ist eine juristische Person und gehört wie die GmbH zu den Kapitalgesellschaften.

Die Aktiengesellschaft besteht aus drei Organen. An der Spitze steht der **Vorstand** als leitendes Organ. Es sind meist auf Zeit bestellte Manager, die eigenverantwortlich die Leitung des Unternehmens übernehmen und an Weisungen nicht gebunden sind. Der **Aufsichtsrat** ist das überwachende Organ, das den Vorstand wählt und seine Tätigkeit überwacht. Das beschließende Organ ist die **Hauptversammlung**. Sie besteht aus allen Aktionären und kann z.B. über Änderungen der Satzung, die Mitglieder des Aufsichtsrats oder die Verwendung des Bilanzgewinns entscheiden.

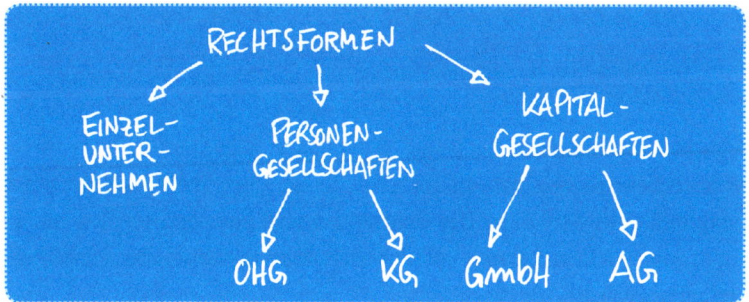

Beschaffung

Billy hat die drei wichtigsten betrieblichen Grundentscheidungen, nämlich die Festlegung seiner Ziele, den Standort und die Rechtsform, getroffen und kann sich nun den **betrieblichen Funktionen**, also der Beschaffung, Produktion und dem Absatz, widmen. Bevor er mit der Produktion beginnen kann, muss er zunächst alle Güter beschaffen, die für seine Fertigung notwendig sind.

Unter **Beschaffung** versteht der Betriebswirt einen Teil des betrieblichen Leistungsprozesses, in dem ein Unternehmen sämtliche Produktionsfaktoren beschafft. Zu den betrieblichen Produktionsfaktoren gehören die Werkstoffe, die Betriebsmittel und die Arbeitskräfte.

Werkstoffe sind alle Güter, die in das Fertigprodukt eingehen, also die Roh-, Hilfs- und Betriebsstoffe, aber auch die Fremdbauteile.

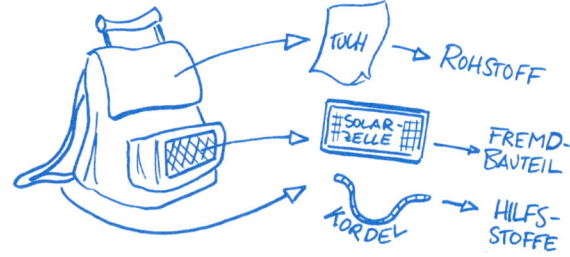

Rohstoffe werden verarbeitet und bilden den stofflichen Hauptbestandteil eines Produkts. Der Billybag besteht zum größten Teil aus einem imprägnierten Baumwoll/Polyester-Mischgewebe, das zurechtgeschnitten werden muss.

Hilfsstoffe sind Nebenbestandteile, die ebenfalls verarbeitet werden, wie z.B. Druckknöpfe oder Kordeln. **Betriebsstoffe** sind Nichtbestandteile, die verbraucht werden und nicht direkt in das Fertigprodukt eingehen. Beispiele sind Energie, also Kraftstoffe und Strom, aber auch Kühlmittel oder Schmiermittel.

Fremdbauteile gehören zu den Hauptbestandteilen, die in das Fertigprodukt eingebaut werden, wie z.B. die Solarzellen mit Speichereinheit.

Betriebsmittel sind alle Anlagen und technischen Einrichtungen, deren sich der Betrieb beim Produktionsprozess bedient. Dazu gehören Maschinen, Werkzeuge, Fahrzeuge, Büroeinrichtungen sowie Grundstücke und Gebäude. Die Beschaffung der Betriebsmittel wird als Investition bezeichnet. Investitionen werden über einen längeren Zeitraum im Unternehmen genutzt und erleiden durch die Produktion einen Wertverlust. Die Gesamtheit der Betriebsmittel bestimmt die Produktionskapazität eines Unternehmens und damit die Gütermenge, die in einer Periode hergestellt werden kann.

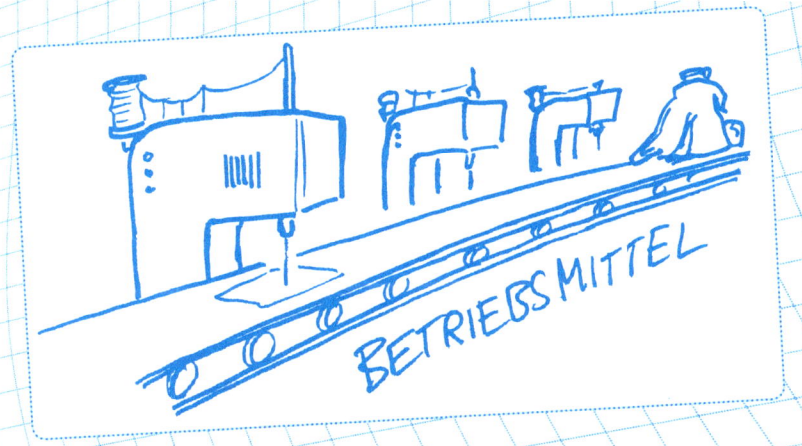

Der dritte betriebliche Produktionsfaktor ist die **Arbeit**. Beim Faktor Arbeit unterscheidet man zwischen der dispositiven und der ausführenden Arbeit. Unter der dispositiven Arbeit versteht man die planerisch-organisatorische Tätigkeit, die vor allem durch die Betriebsleistung, also das Management, wahrgenommen wird. In der betrieblichen Praxis hat sich eine Vielzahl von Managementkonzepten herausgebildet.

8 Beschaffung

Unter **Management by Objectives** versteht man eine Methode der zielorientierten Mitarbeiterführung. Um eine erhöhte Motivation zu erreichen, werden die Ziele meist nicht vorgegeben, sondern in Mitarbeitergesprächen gemeinsam vereinbart.

Beim **Management by Delegation** sollen die Mitarbeiter möglichst viele Entscheidungen treffen und Mitverantwortung übernehmen. **Management by Exception** bezeichnet einen Managementstil, bei dem die übergeordneten Führungsorgane die Erledigung von Routineentscheidungen den zuständigen Mitarbeitern überlassen und sich die eigenen Entscheidungen nur für Ausnahmefälle vorbehalten.

Übrigens, den Ausdruck Management by Robinson brauchen Sie sich nicht zu merken. Er knüpft an unsere Robinsongeschichte im ersten Kapitel an. Robinson hat nach langer Zeit auf seiner einsamen Insel den

Eingeborenen Freitag getroffen. Unter Management by Robinson versteht man demnach das Warten auf den Freitag und das erholsame Wochenende.

Die Ideen des Managements werden durch die ausführende Arbeit in die Tat umgesetzt. Es handelt sich meist um Tätigkeiten, die der Arbeitnehmer nach vorgegebenen Anweisungen durchführt, aber auch um Routinetätigkeiten. Billy benötigt in seinem Betrieb keine hochqualifizierten Mitarbeiter, sondern wenige angelernte und ungelernte Arbeitskräfte.

Produktion

Wenn alle betrieblichen Produktionsfaktoren beschafft sind, kann unser Jungunternehmer mit der Herstellung der originellen Rucksäcke beginnen. Die industrielle Fertigung lässt sich in ihrer zeitlichen Abfolge wie folgt gliedern.

Forschung und Entwicklung

Kein Betrieb kann auf der Stelle treten und deshalb sind Forschung und Entwicklung, auch **Research and Development** genannt, unverzichtbar. Unter F&E oder R&S versteht man alle planvollen und systematischen Aktivitäten mit dem Ziel, neue Erkenntnisse, Technologien und Erfahrungen über die zu verkaufenden Produkte zu erwerben.

Billy führt z.B. Untersuchungen durch, in denen er mit einer elastischen Aufhängung das Tragegewicht der Rucksäcke reduzieren will. Ebenso denkt er über die Möglichkeit nach, den Rucksack technisch so zu verändern, dass er als Werbeträger genutzt werden kann. Interessant findet er auch die Möglichkeit, einen Trolly-Rucksack zu konstruieren.

Fertigungsprogrammplanung

Bei der **Fertigungsprogrammplanung** wird festgelegt, was tatsächlich hergestellt werden soll. Ausgehend von einem bestimmten Absatz legt Billy die Beschaffungsmengen, die Produktionszahlen, aber auch die Lagerhaltung sowie die Finanzierung fest. Im Rahmen des Fertigungsprogramms muss er sich über die **Programmbreite** und tiefe klar werden. Die Programmbreite bestimmt die Zahl der Produktarten, die gefertigt werden sollen; die **Programmtiefe** gibt Auskunft über die Zahl der unterschiedlichen Produktvariationen innerhalb einer Produktgruppe.

Fertigungsvorbereitung

Hier wird der Ablauf der Produktion unter Berücksichtigung der Produktionsanlagen, Arbeitskräfte und Werkstoffe zeitlich geregelt. Es muss festgelegt werden, zu welchem Zeitpunkt die jeweiligen Einzelteile an einer bestimmten Stelle sein müssen.

Fertigungsdurchführung

Unter dem Begriff der Fertigungsdurchführung werden in der Betriebswirtschaftslehre die Fragen der Fertigungstypen und der Organisationstypen der Fertigung besprochen. Fertigungstypen werden nach der Anzahl der gefertigten Produkte eingeteilt. Hierbei unterscheidet man Einzelfertigung (z.B. ein Schiff), Serienfertigung (z.B. ein Auto), Sortenfertigung (z.B. Porzellanerzeugung) und Massenfertigung wie z.B. die Zementproduktion oder die Zigarettenherstellung. Billy will zunächst mit kleinen Serien anfangen, um sich schrittweise den Markt zu erschließen.

Bei den Organisationstypen der Fertigung können zwei Arten unterschieden werden: die Werkstattfertigung und die Fließfertigung.

Bei der **Werkstattfertigung** werden Arbeitsplätze und Maschinen mit gleichartigen Arbeitsverrichtungen in einer Werkstatt zusammengefasst. Die Werkstücke werden zur jeweiligen Weiterverarbeitung von Werkstatt zu Werkstatt befördert.

Bei der **Fließfertigung** werden die Arbeitskräfte und die Maschinen entsprechend der Arbeitsabfolge angeordnet. Der Transport der einzelnen Werkstücke erfolgt nach einem genau festgelegten Zeitplan.

Fertigungskontrolle

Die Fertigungskontrolle umfasst die Qualitätsprüfung der verwendeten Werkstoffe, aber auch der Halberzeugnisse und der fertigen Rucksäcke. Ebenso kann der Terminplan überwacht werden.

Absatz

Unter Absatz soll hier die Schlussphase der betrieblichen Aktivitäten verstanden werden, in der Marketingstrategien festgelegt und die Instrumente des Marketing-Mix eingesetzt werden.

> Unter **Marketing** versteht man nicht nur sämtliche Maßnahmen, die darauf gerichtet sind, den Absatz des Unternehmens zu fördern, sondern auch die Führung des Unternehmens vom Markt her. Dabei orientieren sich die Entscheidungen des Unternehmens stark am Bedarf der Kunden.

Um die Bedürfnisse der Kunden herauszufinden, betreiben viele Unternehmen Marktforschung oder beziehen Daten von Marktforschungsinstituten wie z.B. Infratest, Gesellschaft für Konsumforschung oder Emnid. Weitere Quellen sind die eigenen Absatzstatistiken oder Kundengespräche.

Die **Marketingstrategien** umfassen die langfristigen Verhaltenspläne, mit denen die Unternehmensziele erreicht werden sollen. Hierbei unterscheidet man drei verschiedene Vorgehensweisen, nämlich die Markterschließung, die Marktausweitung und die Marktsicherung.

Unter **Markterschließung** versteht man die Einführung eines neuen Produkts am Absatzmarkt, wobei die Marktwiderstände zu überwinden sind. Zunächst müssen hier die latent vorhandenen Bedürfnisse erkannt werden, um mit einem entsprechenden Produktangebot darauf reagieren zu können. Bei der Markterschließung muss sich Billy vier Fragen beantworten:

- Was möchte ich anbieten? Billy will hochwertige Spezialrucksäcke mit originellem technischem Equipment verkaufen, die gleichzeitig sportlich bequem sind und eine hohe intellektuelle Identifikation ermöglichen.

- Wer sind meine Kunden? Potenzielle Käufer sind Jugendliche, die ihre Bildungsutensilien bequem transportieren wollen, also vor allem Studenten und Schüler, die ihre Lernaufgaben mit modernen elektronischen Medien erledigen.

- Wie will ich in den Markt einsteigen? Billy will schrittweise durch Werbung und Verkaufsförderung zunächst an Gymnasien und später an Universitäten bzw. Hochschulen in den Markt eindringen.

8 Absatz

- Wo befindet sich mein Absatzgebiet? Zunächst soll ausgehend von den nächstgelegenen Universitäten und Hochschulen der ganze deutsche Markt erfasst werden.

Unter **Marktausweitung** versteht man das Bemühen eines Unternehmens, auf der Grundlage der bestehenden Absatzmöglichkeiten neue zu entwickeln. Dabei können neue Produkte konstruiert und alte verbessert werden, man kann neue Verbrauchergruppen erschließen oder diversifizieren, d.h. neue Produkte auf neuen Märkten einführen.

Bei der **Marktsicherung** versucht das Unternehmen, seine erreichte Marktposition zu erhalten und zu schützen. Die eigene Marktposition kann dabei durch Zuverlässigkeit und Qualität der angebotenen Produkte, aber auch durch gezielte Werbung erhalten bleiben. Für Billy bedeutet dies, seine Wettbewerbsfähigkeit langfristig zu erhalten und sich nicht auf seinen Lorbeeren auszuruhen.

Im **Marketing-Mix** werden die Marketingstrategien in konkrete Aktionen umgesetzt. Hierbei unterscheidet man vier Instrumente, die alle mit „P" beginnen.

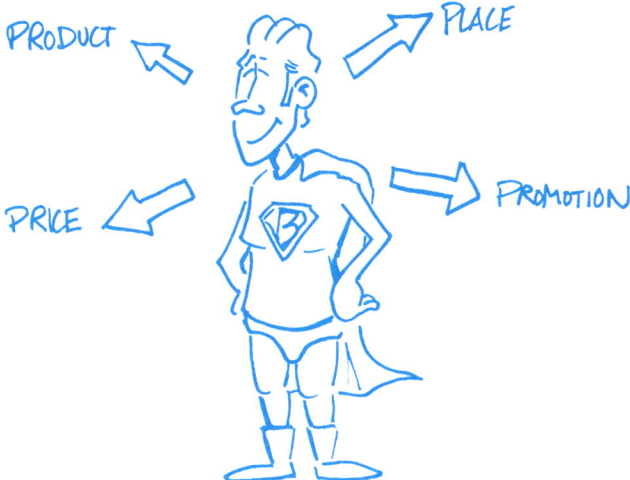

Product steht für **Produktpolitik** und beschäftigt sich vor allem mit der Gestaltung des Sortiments, der Qualität des Produkts sowie den Serviceleistungen. Unter **Sortiment** versteht man die Gesamtheit aller angebotenen Waren. Bei einem breiten Sortiment werden verschiedene Produktgruppen, wie erwähnt vom Rucksack über Kleidung bis zum Zelt angeboten. Bei einem engen Sortiment werden nur wenige Produktgruppen, also z.B. nur Rucksäcke, angeboten.

Bei einem flachen Sortiment bietet der Verkäufer nur ein Produkt bzw. wenige Produkte an, bei einem tiefen Sortiment gibt es das Produkt in vielfältiger Aufmachung, also kleine und große Rucksäcke mit den verschiedensten Funktionen. Wie Sie bereits ahnen, sind das Produktionsprogramm und die Sortimentsgestaltung wie eineiige Zwillinge.

Bei der Qualität des Produkts muss sich Billy entscheiden, ob er seine Rucksäcke mit einer langen technischen Haltbarkeit ausstattet oder ob er die Absatzstrategie des geplanten Verschleißes verfolgt. Auch die Produktgestaltung, also Form, Farbe, Größe, Design oder Handlichkeit, spielen für den Absatz eine wichtige Rolle. Um sich im Wettbewerb Vorteile zu verschaffen, bieten die Unternehmen ihren Kunden noch zusätzliche Serviceleistungen wie z.B. Garantieversprechen oder einen Kundendienst an.

Die **Preispolitik** (price) verfolgt das absatzpolitische Ziel, mit Hilfe der Gestaltung des Verkaufspreises eines Produkts Kaufanreize für die Kunden zu schaffen. Sie umfasst alle Entscheidungen, die Einfluss auf die Preishöhe, aber auch auf die Konditionen wie z.B. Rabatte, Skonto, Bonus, Lieferungs- bzw. Zahlungsbedingungen oder Kredite haben.

Bei der Festsetzung der Preise können sich die Unternehmen an ihren Kosten orientieren und nach dem Kostendeckungsprinzip handeln. In den meisten Fällen werden sie jedoch den Gewinn zu maximieren versuchen. Um den Absatz zu fördern, staffeln viele Anbieter ihre Preise nach der Jahres- oder Uhrzeit. Diese zeitliche Preisdifferenzierung gibt es z.B. in der Touristikbranche, aber auch in der Tarifpolitik von Versorgungsunternehmen.

Räumliche Preisdifferenzierungen findet man beispielsweise in Regionen mit unterschiedlicher Kaufkraft. Konsumgüter in Ballungsräumen kosten im Durchschnitt mehr als in ländlichen Räumen. Beim Dumping werden die Güter im Ausland besonders günstig angeboten, um die Konkurrenz zu verdrängen.

Bevor ein Produkt in den Markt eingeführt wird, muss entschieden werden, welche Preisstrategie verfolgt werden soll. Hierbei bieten sich zwei Möglichkeiten an: die Festpreisstrategie und die Preisabfolgestrategie. Bei der Festpreisstrategie unterscheidet man zwischen der Hochpreisstrategie und der Niedrigpreisstrategie. Bei der Hochpreisstrategie wird der Preis relativ hoch festgelegt, um einen hohen Gewinn abzuschöpfen oder auch um das Image des Qualitätsführers aufzubauen. Bei der Niedrigpreispolitik wird logischerweise ein niedriger Preis festgesetzt, um vor allem die Konkurrenz zurückzudrängen und den Kaufwiderstand der Kunden zu brechen.

Bei den Preisabfolgestrategien unterscheidet man die Abschöpfungsstrategie, auch skimming pricing genannt, und die **Penetrationsstrategie**, die als penetration pricing bezeichnet wird. Beim skimming pricing beginnt man mit einem hohen Anschaffungspreis, der im Laufe der Zeit schrittweise gesenkt wird. Dadurch kann für jede Käufergruppe der maximale Preis abgeschöpft werden und damit ist es auch möglich, die Forschungs- und Entwicklungskosten eher zurückzuzahlen. Bei der Penetrationsstrategie wird der Preis anfangs niedrig gehalten, um eine hohe Marktdurchdringung zu erreichen, und später wird er schrittweise angehoben.

Die **Kommunikationspolitik** – auch promotion genannt – versucht durch eine zielgerichtete Gestaltung von Informationen, den Absatzmarkt zu beeinflussen. Man will vor allem durch eine geeignete Darstellung der eigenen Leistung auf die Meinungen, Verhaltensweisen und Einstellungen der Kunden einwirken. Hierbei muss über den Einsatz der drei Kommunikationsinstrumente, nämlich der Werbung, der Öffentlichkeitsarbeit und der Verkaufsförderung, entschieden werden.

Werbung hat die Aufgabe, das Produkt bekanntzumachen und über die Merkmale und Eigenschaften des Produkts zu informieren. Sie soll die Kaufwünsche und die emotionalen Kräfte der Kunden wecken. Ihre Hauptzielsetzung umfasst die Schaffung und die Ausweitung der Nachfrage nach einem bestimmten Produkt.

Um die Werbung möglichst effizient zu gestalten, muss sich Billy mehrere Fragen beantworten:

- Welche Zielgruppe soll angesprochen werden?
- Welche Zielaussage über das Produkt soll vermittelt werden?
- Welches Image soll vermittelt werden?
- Welche Werbemittel will er einsetzen?

Betriebswirtschaftslehre 8

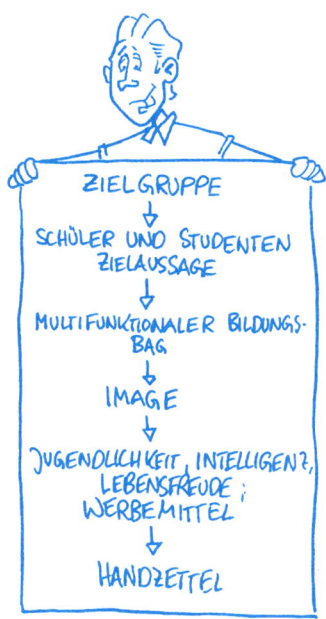

Der Kunde kann durch eine Vielzahl von Werbemitteln beeinflusst werden, wie z.B. Anzeigen, Werbeprospekte, Plakate, Werbefilme, Warenproben oder Prospekte. Es ist die Absicht aller Werbemittel, beim Kunden einen Prozess auszulösen, der zum Kauf des Produkts führt. Dieser Wirkungsablauf der Werbung wird häufig durch die sogenannte AIDA-Regel beschrieben. Danach durchläuft der Verbraucher nacheinander eine bestimmte Stufenfolge der Wahrnehmung der Werbemaßnahmen.

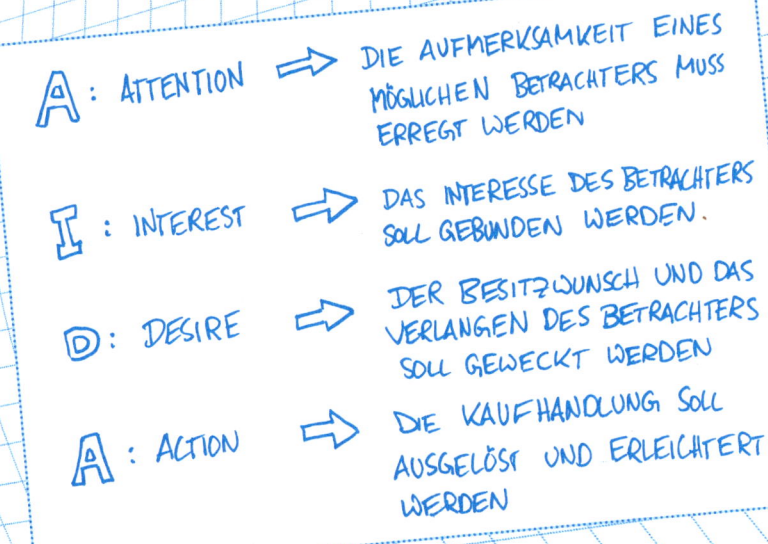

Da die Werbung ein interessantes Thema ist, wird sie im Internet vertieft.

Zur Kommunikationspolitik gehört neben der Werbung noch die Öffentlichkeitsarbeit, auch **Public Relations** oder kurz PR genannt. Public Relations will das Ansehen des Unternehmens in der Öffentlichkeit stärken und positive Auswirkungen auf den Absatz der Produkte erreichen, aber auch die Gewinnung von qualifizierten Mitarbeitern unterstützen. PR richtet sich nicht nur an den Kunden, sondern an alle Bereiche der Gesellschaft, also Politik, Presse, Kirchen usw.

Zu einer wirkungsvollen PR-Arbeit gehört auch, dass das Unternehmen mit einem einheitlichen visuellen Erscheinungsbild wahrgenommen und eine **Corporate Identity** (CI) geschaffen wird. Beim Konzept des CI soll das Unternehmen wie eine eigenständige Persönlichkeit wahrgenommen werden. Maßnahmen, mit denen man um öffentliches Vertrauen werben und ein positives Firmenimage schaffen kann, sind z.B. die finanzielle Förderung von Sportvereinen oder sozialen Einrichtungen, also Sponsoring, aber auch Betriebsbesichtigungen, Pressemitteilungen oder Informationsveranstaltungen.

Ein weiteres Instrument der Kommunikationspolitik ist die Verkaufsförderung, auch **Sales Promotion** genannt. Die Verkaufsförderung unterstützt die Absatzwerbung durch verschiedenste Maßnahmen meist am tatsächlichen Verkaufsort POS (point of sale), um die Nachfrage zu steigern, aber auch um die Effektivität der Händler zu erhöhen. Solche absatzstimulierenden Maßnahmen sind z.B. Warenproben, Vorführungen, Preisausschreiben, Gutscheine oder die Schulung des Verkaufspersonals, aber auch das Merchandising.

8 Absatz

Das letzte „P" im Rahmen des Marketing-Mix steht für place und umfasst die **Distributionspolitik**. Bei der Distributionspolitik geht es um die Frage, auf welchem Wege die Erzeugnisse vom Hersteller zum Verbraucher gelangen. Ihre Aufgabe umfasst die Gestaltung und die Steuerung der Waren- und Informationsflüsse von der Produktion bis zum Konsumenten. Oberstes Ziel ist eine optimale Verteilung. Denn auch beim Vertrieb seiner Rucksäcke steckt Billy in einer Zwickmühle. Einerseits sollen möglichst viele Nachfrager das Produkt bequem kaufen können, andererseits dürfen seine Vertriebskosten nicht zu hoch sein.

Im Rahmen der Distributionspolitik hat Billy drei Kernaufgaben zu lösen:

- Die Wahl der Absatzwege

Hier stellt sich die Frage: Wird das Produkt direkt vom Hersteller an den Endverbraucher verkauft, also der direkte Absatzweg bevorzugt, oder werden ein oder mehrere Absatzmittler dazwischengeschaltet.

Eine besondere Form des direkten Absatzes stellt das **Franchise-System** dar. Hier arbeitet der Händler mit dem Hersteller nicht nur bezüglich der Produkte zusammen, sondern er übernimmt auch ein umfassendes Marketing-Konzept. Gegen ein Entgelt z.B. in Form einer Umsatzbeteiligung erhält der Franchise-Nehmer das Recht, ein bestimmtes Warensortiment unter Verwendung von Namen, Warenzeichen, Ladenausstattung und unterstützt durch Werbung und Verkaufsförderung zu verkaufen. Die Beispiele kennen Sie alle, z.B. McDonald's, Coca-Cola, aber auch Holiday Inn.

- Die Wahl der Absatzorgane

Hier überlegt Billy, ob er seine Rucksäcke von eigenen Mitarbeitern verkaufen lässt oder ob er sich an Groß- bzw. Einzelhändler wendet, die ebenfalls Rucksäcke verkaufen. Im ersten Fall spricht man von unternehmenseigenen Organen und im zweiten Fall von unternehmensfremden Organen.

- Die Frage der Logistik

Diese Frage beschäftigt sich mit der physischen Verteilung der Waren, also der Lagerung, des Umschlags und des Transports. Auch Billy muss sich dem Problem des optimalen Lagerbestands, der Lieferbereitschaft und der kostengünstigen Transportwege stellen.

Eine Übungsaufgabe gibt es im Anhang (A8).

8 Absatz

Die **Betriebswirtschaftslehre** befasst sich mit den Zusammenhängen und Gesetzmäßigkeiten in einem Unternehmen. Sie beschreibt die betrieblichen Grundentscheidungen, also die **Unternehmensziele** (ökonomische, ökologische, soziale), die **Standortfaktoren** (harte, weiche) und die **Rechtsformen** (EU, OHG, KG, GmbH, AG). Zu den wichtigen betrieblichen Funktionen gehören die Beschaffung, Produktion und Absatz. Die **Beschaffungsfunktion** betrifft die Werkstoffe (Roh-, Hilfs-, Betriebsstoffe, Fremdbauteile), die Betriebsmittel und die Arbeitskräfte. Die **Produktion** wird in Forschung und Entwicklung, Fertigungsprogrammplanung, Fertigungsvorbereitung und -durchführung und -kontrolle untergliedert. Der **Absatz** des Unternehmens wird durch Marketingmaßnahmen gefördert. Zu den Marketingstrategien gehören die Marktdurchdringung, -ausweitung und sicherung. Mit dem **Marketing-Mix** werden die Marketingstrategien umgesetzt und die Instrumente der Produktpolitik (product), Preispolitik (price), Kommunikationspolitik (promotion) und Distributionspolitik (place) eingesetzt.

Alles klar?

Anhang
Alles klar?

Die Lösungen zu den Aufgaben finden Sie im Internet unter *www.pearson-studium.de*

A1: Bauer Robinson

Sät Robinson nichts, so wird er auch nichts ernten. Wenn er 1 Zentner Gerste sät, wird er auf seinem Ackerland 3 Zentner ernten. Sät er 2 Zentner, bekommt er bei der Ernte 5 Zentner Gerste. Bei 3 Zentnern Saatgut wachsen 6 Zentner. Fertigen Sie aus den Zahlenangaben eine Zeichnung für die Produktionsfunktion.

Berechnen Sie die Grenzerträge und die Durchschnittserträge.

A2: Nicht alle mögen Spargel

Gehen Sie von einem gleichgewichtigen Spargelmarkt aus und zeichnen Sie die Preis-Mengen-Diagramme unter folgenden Bedingungen:

- Aufgrund der Frühjahrsfröste fällt die Spargelernte geringer aus.
- Gesundheitsbewusste Verbraucher steigern ihren Spargelbedarf.
- Billigspargel wird aus dem Ausland importiert.

Beschreiben Sie die Preisbewegungen.

A3.1: Im Kreise läuft die Wirtschaft

Für eine offene Volkswirtschaft mit staatlicher Aktivität sind folgende Kreislaufströme gegeben:

Volkseinkommen (Y) = 1500; staatlicher Konsum (C_{St}) = 400; privater Konsum (C_H) = 1000; direkte Steuern (T^{dir}) = 350; indirekte Steuern (T^{ind}) = 250; Übertragungen an die Haushalte (Z_H) = 300; Übertragungen an die Unternehmen (Z_U) = 100; Exporte (X) = 800; Importe (M) = 750.

Tragen Sie die Ströme in das Kreislaufmodell ein und berechnen Sie die folgenden Ströme: Ersparnisse der Haushalte (S_H); staatliche Kredite (Kr_{St}); Nettoinvestitionen (I^n); Außenbeitrag (X-M).

Überprüfen Sie, ob sich die Zuströme und Abströme der einzelnen Sektoren im Gleichgewicht befinden.

A3.2: **BIP, BIP von allen Seiten**

Entscheiden Sie bei den angegebenen Beispielen, welche der drei Möglichkeiten (Entstehungsrechnung, Verwendungsrechnung, Verteilungsrechnung) zur Ermittlung des Bruttoinlandsprodukts angesprochen sind.

- a) Ökonomia erhält für ein wissenschaftliches Gutachten ein Honorar.
- b) Billy Bargain macht seinen Wochenendeinkauf.
- c) Billy lässt für seine Mitarbeiter ein Mietshaus bauen.
- d) Ökonomia hat ein Sparbuch und erhält Zinsen.
- e) Billy Bargain hilft seiner kranken Mutter im Haushalt.
- f) A Francois Quesney macht seinen Urlaub in Deutschland.

A4: **Ökonomias Fachbegriffssalat**
Definieren Sie folgende Begriffe: Wirtschaftssystem, Wirtschaftsordnung, externe Effekte, soziale Marktwirtschaft, Preisniveaustabilität,

friktionelle Arbeitslosigkeit, Missmatch-Arbeitslosigkeit, Wachstumsrate, importierte Inflation.

A5: Wie geht's Deutschland

Beschreiben Sie anhand wichtiger Indikatoren, wie z.B. Bruttoinlandsprodukt, Arbeitslosenzahlen, Verbraucherpreisindex, Exportentwicklung, Haushaltsdefizit, die wirtschaftliche Ausgangslage, in der sich die Bundesrepublik Deutschland zurzeit befindet.

Verfolgen Sie anhand von Tagespresse, Rundfunk und Fernsehen die weitere Entwicklung der wirtschaftlichen Situation in Deutschland.

A6: Wer macht was?

Eine Volkswirtschaft befindet sich in der Situation einer Depression und ist durch folgende Indikatoren gekennzeichnet: relativ stabile Preise, steigende Arbeitslosigkeit, rückläufige Exporte, negatives Wirtschaftswachstum, sinkende private Nachfrage, hohes Haushaltsdefizit.

Erläutern Sie anhand der Indikatoren mögliche Maßnahmen, die Zentralbank, Regierung und Tarifparteien ergreifen sollten.

A7: **Von Land zu Land**

Bestimmen Sie anhand der schematischen Darstellung der Zahlungsbilanz, welche Teilbilanzen auf welcher Seite durch die folgenden Transaktionen berührt werden. Berücksichtigen Sie dabei, dass immer zwei Teilbilanzen betroffen sind.

a) In Tunesien erwirbt ein deutscher Tourist einen Teppich.
b) Eine deutsche Firma verkauft ihre Autos nach China.
c) Ein Deutscher lässt sich in Tschechien vom Zahnarzt behandeln.
d) Schloss Neuschwanstein wird von amerikanischen Touristen besichtigt.
e) Arabische Ölscheichs gründen in Deutschland ein Unternehmen.
f) Deutsche Kapitalanleger kaufen Luxemburger Wertpapiere.
g) Ein Bayer besichtigt die Freiheitsstatue.

Anhang

A8: **Ich mache mich selbstständig**

Nehmen Sie an, Sie wollen eine Schülerfirma gründen.

a) Suchen Sie zuerst nach einer möglichen Marktlücke.
b) Beschreiben Sie die Zielsetzung, einen möglichen Standort und eine sinnvolle Rechtsform für Ihr Unternehmen.
c) Entwickeln Sie ein Konzept, das die organisatorische Gestaltung Ihrer betrieblichen Funktionen beschreibt.

Stichwortverzeichnis

A

abgabenorientiert 186
Absatz 198
Absatzorgane 209
Abschreibungen 64
Abschwungphase 111
absoluter Kostenvorteil 160
Aggregation 59
Aktiengesellschaft 190
Angebot
    gesamtwirtschaftliches 73
Angebotsüberhang 46
antizyklisch 119
Arbeit 193
Arbeitgeberverbände 151
Arbeitsbeschaffungsmaßnahmen 148
Arbeitslosenquote 96
Arbeitslosigkeit 101, 166
    friktionelle 95
    konjunkturelle 96
    saisonale 95
    strukturelle 95
arbeitsorientiert 186
Arbeitsproduktivität 151
Arbeitsteilung, internationale 163
attac 179
auflagenorientiert 187
Aufschwungphase 110
Aufsichtsrat 191
Auftragseingang 107
Ausfuhrkontingente 155
Ausgabenpolitik 144
Ausgabenströme 68
Ausland 69
Außenhandelspolitik 154
Außenwirtschaftsförderung 155

B

Bargeldschöpfung 136
Basar-Ökonomie 177
Bedarfsdeckungsfunktion 141
Bedürfnisse 17
Beschaffung 192
Beschäftigungspolitik 120
Beschäftigungsstand 94
Betriebsmittel 193
Betriebsstoffe 193
Billiglohnländern 176
Brotbacken 136
Bruttoinlandsprodukt 72, 97, 98, 109
Bruttoinvestitionen 64
Bruttowertschöpfung 73, 75
Bundesagentur für Arbeit 147
Bundeskartellamt 55

C

consumer surplus 44
Corporate Identity 206
Crowding-out 146

D

defensive Lohnpolitik 152
deficit spending 119
Defizitländer 100
Deflation 93
Depressionsphase 112

Stichwortverzeichnis

Deregulierung 175
Devisen 169
Devisenbilanz 100
Direktorium 135
Distributionspolitik 208
Dudelsäcken 37
Durchschnittsertrag 30

E

Edelfresswelle 112
Effekten
    externe 87
ehernes ökonomisches Gesetz 91
Eigentumsverhältnisse 81
eineiige Zwillinge 201
Einfuhrkontingente 155
Einkommensteuergesetz 91
Einnahmenpolitik 141
Einnahmenströmen 67
Einzelarbeitsvertrag 150
Einzelfertigung 197
Einzelfirma 188
Erhard, Ludwig 80
Ersatzinvestitionen 63
Ersparnisse 63
    staatliche 69
Ertragsfunktion 32
Europäische Zentralbank 134
Europäisches Zentralbanksystem 134
EUROSTAT 107
Eurosystem 134
Existenzbedürfnis 17
Exporte 70
externen Effekten 87
Extrahandel 154

F

Faktorleistungen 60
Fazilitäten, ständige 138
Fertigungsprogrammplanung 196
Fertigungsvorbereitung 196
Finanzkrise 2008/2009 122
Finanzkrisen 178
Finanzpolitik 140
Finanzzoll 155
Fiskalismus 119
Fließfertigung 197
Franchise-System 209
Freie Wechselkurse 171
Freihandel 154
Fremdbauteile 193
Frühindikatoren 107
Frühstück 51
Funktionen
    betriebliche 192
Fusionskontrolle 90

G

Gebietskörperschaften 66
Geldpolitik 134
Gesamtertrag 29
Gesamtverschuldung 144
Geschäftsklimaindex 107
Gesellschaft mit beschränkter Haftung 190
Gewerkschaften 150
Gewinn 184
Gewinnmaximierungsprinzip 60
Giralgeldschöpfung 136
Gleichgewicht 115
    außenwirtschaftliches 99
Gleichgewichtspreis 42

Globalisierung 178
Grenzertrag 30
Grundkapital 191
Güter 18
   freie 20
   öffentliche 86
   wirtschaftliche 20
Gütersteuern 75
Gütersubventionen 75
Güterverteilung 164

H

Hauptversammlung 191
Haushaltspolitik
   antizyklische 122, 123
Hilfsstoffe 193
Hochkonjunktur 111
Hochlohnländern 178
Holzfloß 23

I

Immobilienkrise 122
Importe 70
Indikatoren 107
infant industry 165
Inflation 93
   importierte 100
Intrahandel 154
Investitionsgütern 20

K

Kapitalbilanz 174
Kapitaleinlage 189
Kapitalmärkte 176
Kartellgesetz 55
Kartellverbot 90
Keynesianer 119

Keynes John Maynard 106
Kollektiveigentum 81
Kollektivvertrag 150
Kommanditgesellschaft 189
Kommanditisten 189
Kommunikationspolitik 204
komparativer Kostenvorteil 160
Komplementär 189
Kondratieff 113
Konjunkturpaket 123
Konjunkturprogramme 122
Konjunkturschwankungen 109, 115
Konjunktursteuerung 119
Konjunkturzyklus 110
Konsum
   staatlich 68
Konsumausgaben 60
Konsumentenrente 44
Konsumgüter 20, 60
Körperschaftssteuer 143
Kosten
   externe 87
Kostendeckungsprinzip 202
Kostenindikatoren 109
Kosteninflation 153
Kredite
   staatliche 69
Kulturbedürfnisse 18

L

Lassalle, Ferdinand 91
Leistungsbilanz 100, 174
Liquidität 184
Logistik 209
Lohnbildung 83, 91

Stichwortverzeichnis

Lohngefälle 176
Luxusbedürfnisse 18

M

Maastricht-Kriterien 144
Management by Delegation 194
Management by Exception 194
Management by Objectives 194
Marketing 198
Marketing-Mix 201
Marketingstrategien 199
Markt 37, 83
Marktausweitung 200
Markterschließung 199
Marktgleichgewicht 43
Marktsicherung 201
Marktwirtschaft
   freie 84
   soziale 88
Massenfertigung 197
Maximalprinzip 24
Mengenanpasser 47
Mengenindikatoren 108
Milton, Friedman 126
Mindestreserve 140
Mindestreservepolitik 139
Minimalprinzip 25
Monopol 52
multinationalen Konzerne 178

N

Nachfrage 39
   volkswirtschaftliche 72
Nachfrageinflation 124
Nachfrageüberhang 47
Nachtwächter 126

Neoklassik 127
Neuinvestitionen 64
Neu-Verschuldung 144
Nutzenmaximierungsprinzip 60

O

Offene Handelsgesellschaft 189
Offenmarktpolitik 137
offensive Lohnpolitik 151
Oligopol 50
Outsourcing 176

P

Paritätskurs 172
Penetrationsstrategie 204
Polypol 47
Präsensindikatoren 108
Preisbildung 83, 90
Preisdifferenzierung 202
Preisindikatoren 109
Preismechanismus 43
Preisniveaustabilität 92
Preispolitik 202
Prestigekonsum 87
Privateigentum 89
Produktion 29
Produktionsfaktor
   Arbeit 27
   Kapital 27
   Natur 26
Produktionsfunktion 32
Produktionswert 73
Produktpolitik 201
Produzentenrente 44
Programmbreite 196
Programmtiefe 196

Protektionismus 165
Public Relations 206

Q
Quattro Stagioni 25
Quesnay, Francois 58

R
Reis 168
Rentabilität 184
Research and Development 195
Ricardo, David 158
Rohstoffe 192
rohstofforientiert 187

S
Sachgüter 20
Sales Promotion 207
Saysches Theorem 115
Schattenwirtschaft 98
Schuldenpolitik 144
Schutzzöllen 155
Schwankungen
    kurzfristige 113
    langfristige 113
    mittelfristige 113
Schwellenländer 177
Serienfertigung 197
Sorten 169
Sortenfertigung 197
Sortiment 201
soziale Sicherung 102
Sozialgebundenheit 89
Sozialversicherung 66
Spätindikatoren 108
Staat 66
staatliche Ersparnisse 69

staatlichen Kredite 69
Staatsverschuldung 101, 145
Stabilisierungsfunktion 141
Stabilitätsgesetz 92, 122
Stagflation 125
Stammkapital 190
Standort 186
Standortfaktoren 186
    harte 186
Steuern
    direkte 67
    indirekte 68
Steuerpolitik 143
Substitutionsgütern 39
surplus saving 119

T
Tagesgeldzins 139
Tarifautonomie 91, 149
Tarifpolitik 149
time-lags 124
Tobinsteuer 179
Transformationsländer 177

U
Überschussländer 100
Übertragungen 68
Umverteilungsfunktion 141
Ungleichgewicht 117

V
Verbraucherpreisindex 94
verkehrsorientiert 186
Vermögensveränderung 65
Verteilungsrechnung 77
Vertragsfreiheit 90
Vertragsverhältnisse 82

Verwendungsrechnung 77
Volkseinkommens 60
Volkswirtschaft
    evolutorische 64
Volkswirtschaftliche
    Gesamtrechnung 71
Vorleistungen 73
Vorstand 191

W

Wachstum 184
Warenkorb 94
Wechselkurs 170
    fester 172
Weltwirtschaftskrise 106, 116
Werbung 204
Werkstattfertigung 197
Werkstoffe 192

Wettbewerb 163
win-win-Situation 45
Wirtschaften 22
Wirtschaftlichkeitsprinzip 23
Wirtschaftsordnung 80
Wirtschaftspolitik 133
    angebotsorientierte 126
Wirtschaftsstruktur 164
Wirtschaftssysteme 81
Wirtschaftswachstum 96, 97
Wohlstand 163

Z

Zahlungsbilanz 173
Zentralverwaltungswirtschaft 84
Zigarren 80
Zinskanal 138

Weiterführende Literatur

Haben Sie Freude an der Ökonomie gefunden und wollen Sie Ihren Horizont erweitern, dann kann Ihnen der Autor folgende Bücher empfehlen:

[1] Günter Schiller: **Volkswirtschaftslehre**, Winklers Verlag Darmstadt, 10. Aufl. 2008
Das Buch beinhaltet alle wichtigen Teile der Volkswirtschaftslehre in komprimierter und strukturierter Form. Da es vom Autor des WIRTSCHAFT-macchiato-Bands stammt, können die volkswirtschaftlichen Inhalte mühelos erweitert und anhand von Aufgaben vertieft werden. Es ist als Schulbuch zugelassen und hat auf ministerielle Anordnung hin humorlos zu sein. (Leider!!!)

[2] Herbert Sperber: **Wirtschaft verstehen – 100 Lernmodule für Schule, Studium und Beruf**, Schäffer-Poeschel Verlag Stuttgart, 3. Aufl. 2009
Das Buch ist didaktisch optimal aufbereitet, enthält eingängige Erläuterungen auf fachlich fundierter Basis und beleuchtet die zentralen volkswirtschaftlichen Themen.

[3] Helmut Schmalen/Hans Pechtl: **Grundlagen und Probleme der Betriebswirtschaft**, Wirtschaftsverlag Bachem Köln, 13. Aufl.
Es ist ein etwas umfangreiches, aber leicht verständliches Buch, das einen Überblick über die Betriebswirtschaftslehre verschafft. Vor allem für Studenten/innen, die sich im Erstsemester befinden, ist es gut geeignet.

[4] Günter Schiller: **Master of the Doppik**, Voll Verlag Gaukönigshofen, 2007

[5] Günter Schiller: **Doppelt hält besser – Eine Einführung in die doppelte Buchführung**, Westermann Schulbuchverlag Braunschweig, 2004

Die beiden Lernmittel stammen ebenfalls vom Autor und bieten die buchhalterischen Grundlagen für ein rasches Verständnis betriebswirtschaftlicher Zusammenhänge. Da sie nicht ministeriell genehmigt sind, finden Sie originelle Texte, viele Karikaturen und natürlich Witze.

Werner Küstenmacher
Heinz Partoll
Irmgard Wagner

Mathe macchiato
ISBN 978-3-8689-4026-8
16.95 EUR [D], 17.50 EUR [A], 29.50 sFr*
224 Seiten

Mathe macchiato

BESONDERHEITEN

Die macchiato-Reihe steht für ein erfolgreiches pädagogisches Konzept, mit Cartoons und Humor wertvolle Einsichten und Aha-Effekte auszulösen. Dadurch wird aus frustrierendem Büffeln ein Lernen mit Verständnis und Spaß. Die Bücher sind ein unentbehrlicher Begleiter und Ratgeber für ein erfolgreiches Abitur und eignen sich ideal für einen reibungslosen Einstieg ins Studium.

Mathe macchiato zeigt in Cartoongeschichten, wie spannend, interessant und unterhaltend Mathematik sein kann, und bewältigt dabei den grundlegenden Lehrstoff von Zahlensystemen bis zum Differenzial. Zahlreiche Übungen mit Lösungen helfen dem Leser zu überprüfen, ob der Lehrstoff verstanden wurde.

KOSTENLOSE ZUSATZMATERIALIEN

Unter www.pearson-studium.de stehen zusätzliche Übungsbeispiele mit Lösungen zur Verfügung.

Weitere Informationen unter www.pearson-studium.de

*unverbindliche Preisempfehlung